スポーツ地域マネジメント

持続可能なまちづくりに向けた課題と戦略

原田宗彦 著

学芸出版社

はじめに

本書が目的とするのは、スポーツを活用した地方創生の処方箋を提示することである。現代のスポーツには「稼ぐ力」が内包されており、この力を活用することによって、税金に頼らず、公民連携の仕組みを使い、創造的な方法でスポーツによる地方創生を行うことが可能となる。よって本書では、なぜそれが可能かを論理的に説明するとともに、具体的な事例を交え、地域の実情を踏まえつつ、最適解が得られるプロセスを提示したい。

そのために必要なことは、スポーツという概念を深く理解することである。欧米のスポーツは、ラテン語のdeportare（デポルターレ）を語源とすることが知られている。この言葉は、「運び去る、運搬」という意味であるが、近代になると、そこから転じて「気晴らしや遊び」「楽しみ」「休養」といった意味で使われるようになる。よってスポーツには「プレイ」（遊び）の要素が強く反映されており、レジャーやレクリエーションと近接した考え方が強い。

英国を始め、豪州やカナダ、そしてシンガポールなどの旧英連邦諸国が、プールや体育館を備えたコミュニティ向けのスポーツ施設を「レジャーセンター」（leisure center）と呼んでいるが、これはスポーツとレジャーの概念的近接性を示す一つの事例である。その一方、米国でも、コミュニティにあるテニスコートやプールなどの公共スポーツ施設は、当該自治体の公園・レクリエーション（Parks & Recreation）局が施設を管理運営している。ここでもスポーツとレクリエーションの距離は近く、スポーツ＝遊びという「エートス」（慣習や慣行：ethos）が人々の心の底流をなしている。

それに比べて日本におけるスポーツは、明治期に海外から輸入された概念ということもあり、レジャーや遊びよりもむしろ、体操術や歩兵操練といった、国の富国強兵策に沿って立派な軍人を育てる軍事教練的な性格を強めていった。その残滓は現代の日本の体育やスポーツにも色濃く残り、整列や団体行動などの規律と秩序が重視され、教育をベースとする概念として定着した。

しかしながら現代的なスポーツは、体育の世界の外側で大きく成長を遂げた。特にグローバルな商業化と産業化の波は、日本におけるスポーツの捉え方を大きく変え、スポーツ産業やスポーツビジネスに対する考え方を、より欧米的（というよりもむしろグローバル的）なものにシフトチェンジしていった。今やスポーツは訓練や教育のためだけの媒体ではなく、消費の対象であり、個人が自由時間に自発的に、快楽を求めて行うレジャー的なアクティビティとなった。

歴史学者の梅棹忠夫は、江戸後期から明治まで、藩校などを通じて行われた教育には、武士階級の価値観が貫かれていたとして、これを「サムライゼーション」と呼んだ。すなわち近代日本は、国民を総サムライ化することで富国強兵を成し遂げたのである。しかし現代日本では、より豊かで幸せな社会をつくるために、消費をベースとした「町人文化」の熟成が必要と唱え、これを「チョニナイゼーション」と呼んだ。日本における「武士の論理」から「町人の論理」への大きな転換が、スポーツの世界にも起きつつあると考えると分かりやすい。

スポーツにおけるパラダイムシフトに関しては、拙著『スポーツ都市戦略』（学芸出版社、２０１６年）の第1章において、「アマチュアイズムからビジネスイズム」へというテーマで詳しく述べたが、80年代後半から現代に至るスポーツの急速なビジネス化は、スポーツを取り巻く風景（landscape）を大きく変えた。プロスポーツは、エンターテイメント産業としてIT産業やメディア産業、そしてスタジアム・アリーナ等の建設産業と呉越同舟の関係を築く一方、スポーツ用品メーカーは、シューズからウェア、そしてアウトドア用品まで、川上（繊維や素材）、川中（製造業）、そして川下（販売）から構成される、一気通貫の流通構造を確立することで巨大産業に成長した。このような成長は、たとえ新型コロナウィルス感染症のような突発的な災害で一時的に停滞しても、地球規模の健康志向（ウェルネスやフィットネス）や観光ブームが続く限り、今後も継続するだろう。

さらにスポーツと地域の関係に目を転じると、そこには大きな可能性が残されている。本書では、自立した地域の発展を支えるキーワードとして、スポーツ×文化×観光を媒体として、地域資源を有効に活用する実践スキームの紹介に重きを置いた。その構成は以下の通りである。

序章では、高齢化と人口減が進展する社会におけるピンチ（危険）を十分に把握しつつ、それをチャンス（機会）に転じる方法について論じる。モノづくりからコトづくりへの発想の転換とともに、世界的に見ても優位性が高い観光資源が眠る地方を、どのようにマーケティングすべきかを考える。そして体育からスポーツへとパラダイムシフトが進む日本で、旧来の制度に改革の手を加えながら、稼ぐ力を内包した新しいスポーツ地域マネジメントの考えを紹介した。

第1章では、30年以上前に制度化された官主導のスポーツ振興施策の問題点を指摘しつつ、地域スポーツマネジメントに必要なパラダイムシフトを俯瞰した。従来のインナーの視点だけでなく、そこにアウターの視点を持ち込むことによって、スポーツを振興する経営事業体のハイブリッド化が可能となる。これは、補助金に頼らない自律的な事業体への転化であるが、そのためには、マーケティング的発想が不可欠となる。

第2章では、プロスポーツが地域で担う新しい役割というテーマで、地域密着型プロスポーツの現代的ミッションについて考えるとともに、CSV経営によって、社会課題の解決を目指す新しいビジネスモデルの在り方を指摘した。プロスポーツの本質は、ファンをどうつくるかにあるが、ファンづくりにおいては、シビックプライドの喚起が重要な課題とされる。日本では、昭和から平成、そして令和にかけて、スポーツ行政は着実に発展してきたが、今後令和の時代においては、豊饒なスポーツ文化を実現するための方策が必要とされる。それが、スポーツが持つパワーを最大限に活用した地域活性化と、スポーツによる社会課題の解決、そしてスポーツホスピタリティに代表されるハイカルチャーの形成である。重厚な土台を築くことによって、日本のスポーツは新しいステージに向かうことが可能となる。

第3章では、アウター政策に必要なスポーツツーリズムの新しい展開をテーマに据えた。日本は観光資源大国であり、大きく分けると「自然資源」と「人文資源」がある。前者には「海洋資源」「山岳資源」「都市近郊資源」「氷雪資源」があり、四季を通じて、アウトドアスポーツのフィールドは全国に広がっている。さらに後者には、公園、庭園、社寺、城郭など多くの歴史的建造物があり、これらを組み合わせることによって、スポーツ×文化×観光の可能性は大きく広がる。サイクルツーリズムやスノースポーツなど、デスティネーションマーケティングを駆使することによって、今後の発展が期待できる領域を紹介する。

第4章では、スポーツとまちづくりについて考える。「スポーツまちづくり」とは、住む人を健康に、そして幸福にするためのアクティブライフの場づくりにほかならない。そのためには、歩くことを基調としたコンパクトなまちづくりと、住む人のウェルビーイング（身体的、精神的、社会的に良好な状態）を高めるコミュニティづくりが必要とされる。地域のサイズに合ったスポーツイベントも、まちづくりの大切な要素の一つである。これからのスポーツイベントには、経済的な効果だけでなく、地域の社会的課題の解決に向けたCSV志向のベクトルが必要となる。

最後の第5章では、地域スポーツを支える新しいマネジメント手法として、公民連携による効率的かつ多様な施設マネジメントや、新しいパークマネジメントであるPark-PFIの事例等を紹介した。さらに今後重要となる人的資源の問題や、スポーツ地域マネジメントに有効な資金調達の方法について解説を加えた。

本書では、現在の地域スポーツ振興方策に潜む問題点を洗い出し、多彩な視点から分析を行ったが、そこから生まれた提言が、今後のスポーツによる新しい地域づくりの一助になれば幸いである。

原田宗彦

目次

第2章　プロスポーツが地域で担う新たな役割　75

序章 スポーツと地方創生

1　超高齢化社会に潜むピンチとチャンス

高齢化と人口減がもたらす危機的状況

日本の人口減と高齢化は、我々の予測を上回る速度で進んでいる。国勢調査によれば、外国人を除いた日本人の人口は、2010年の1億2千638万人をピークに減少に転じ、5年後の2015年には1億2千532万人となった。5年で人口1百万人の都市が一つ消滅したことになる。65歳以上人口の割合も年々高まり、1950年にはわずか5％だったのが、2005年には20％、そして2015年には26・6％と、世界でも最高の水準となった。

2019年3月31日に国立社会保障・人口問題研究所が発表したデータによれば、2030年にはすべての都道府県で人口が減少し、2045年には、全市区町村の94・4％にあたる1千588の自治体で人口減が起きると予想されている。減少率2割未満の自治体が345（同20・5％）、2割から4割減少するのが555（同33・0％）、そして4割以上減少するのが688（同40・9％）である。さらに高齢化の進展もスピードアップし、65歳以上が50％を占める市町村の割合については、2015年の0・9％が27・6％に急上昇する。それにつれて空き家、空き店舗、そして耕作放棄地の増加も予想されており、2033年には住戸の三分の一が空き家になるという予測もある。[注1]

人口に占める65歳以上の割合が7％を超える社会を「高齢化社会」と呼び、14％を超えると「高齢社会」、そして20％を超えた社会を「超高齢社会」と呼ぶが、日本は、高齢化社会（1970年）から超高齢化社会（2005年）への移行期間がわずか24年という短さで、人類がこれまで経験したことのないスピードで高齢化が進展した世界初の国となった。

高齢化と表裏の関係にあるのが、総人口に占める子ども（15歳以下）の割合である。1950年の35・4％から2017年12・4％まで、（ベビーブームで一時的に出生児数が伸びた71年から74年を除き）急速な減少を続けている。高齢者の増加と子どもの減少は、人口減という避けようのない問題を引き起こしている。

図表0・1に示したのは、人口が減る日本が直面する「危機」である。ただ危機という字には、「危険」と「機会」の意味が含まれており、「危険」な状況が、対応次第では「機会」を生み出すチャンスにもなる可能性がある。図の左側が、今の日本が直面する危険な状況であり、人口減による経済規模の減少、税収の減少、行政サービスの劣化、地域公共交通の撤退・縮小、

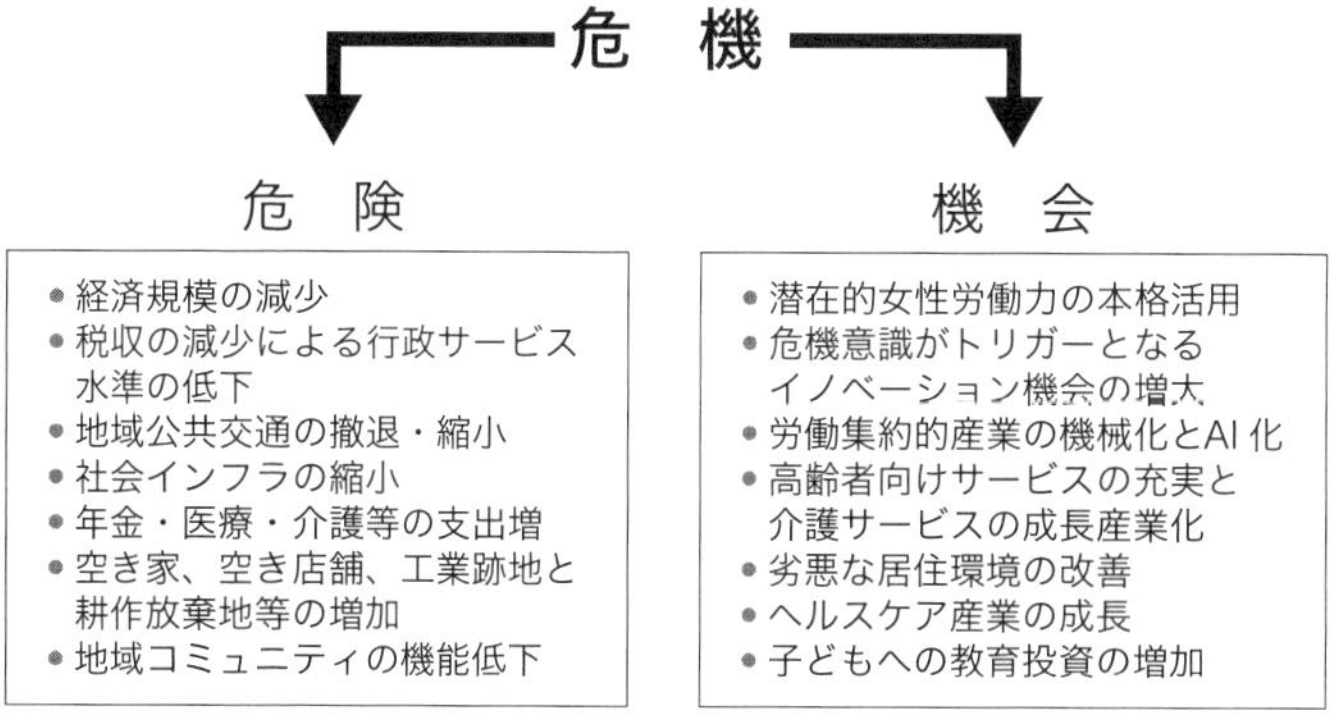

危機
危険
・経済規模の減少
・税収の減少による行政サービス水準の低下
・地域公共交通の撤退・縮小
・社会インフラの縮小
・年金・医療・介護等の支出増
・空き家、空き店舗、工業跡地と耕作放棄地等の増加
・地域コミュニティの機能低下
機会
・潜在的女性労働力の本格活用
・危機意識がトリガーとなるイノベーション機会の増大
・労働集約的産業の機械化とAI化
・高齢者向けサービスの充実と介護サービスの成長産業化
・劣悪な居住環境の改善
・ヘルスケア産業の成長
・子どもへの教育投資の増加

図表0·1　日本が直面する危機

社会インフラの縮小、年金・医療・介護等の支出増、空き家、空き店舗、工場跡地耕作放棄地等の増加、そして地域コミュニティの機能低下など枚挙に暇ない。

その一方、右側の「機会」はどうであろうか？　例えば潜在的女性労働力の本格活用や労働集約的産業の機械化とＡＩ化、そして高齢者サービスの充実と高齢者向けサービスの成長産業化など、危機的状況の打開策がチャンスになることが指摘できる。さらに人口の減少は、都市空間の中に、物理的な空きスペースが生まれることを意味する。諸富徹[注2]は『人口減少の都市』（中公新書）の中で、人口が減ることによって生まれるゆとりが、ウサギ小屋と揶揄された都心部の劣悪な居住環境の改善や、都心の公共交通機関における殺人的な混雑の解消などに結びつくと指摘している。さらに、人口減にともなう経済規模の縮小が、都市部の農地や緑地を次々と工業用地や住宅用地に転用する「開発圧力」の減退を助長することを歓迎している。これによって、都市が無秩序に郊外化するスプロール減少に歯止めをかけ、都市と農村を分離した美しい景色を取り戻すことができるという主張である。

確かに戦後日本の都市発展は、高度成長と人口集中に社会資本整備が追い付かず、過密や環境汚染に悩まされた過程でもあったが、歯車が逆回転を始めた現在、負の遺産を生活水準の改善に転化する方策を考える必要がある。一つの事例であるが、大阪の堺市泉北ニュータウンでは、高齢化によって２００４年には９４１戸の内２割が空き家となったが、大阪府住宅供給公社は、45㎡しかなかった団地の一戸を二戸合体し、90㎡の広さにリノベーションするなど、快適な住居空間の提供に力を注いだ。その結果、高度経済期に建てられた手狭な郊外団地が、デザイン性に優れた個性的な家に様変わりし、応募が殺到する現象が起きるなど、都市郊外の手狭な住環境の改善が実現した。

これは小さなイノベーションであるが、日本のウィークポイントをストロングポイントに転換するイノベーションは、スポーツの世界でも起きている。その一つが、増える廃校の地域スポーツクラブや合宿施設などへの転用である。これに関しては、第3章で詳述するが、このような「公有施設のコンバージョン」によって、不足するスポーツ施設の過密状態の緩和が促進される可能性は高い。

「危機」を「チャンス」へ

急速な高齢化は、実は日本の専売特許ではなく、アジアの隣国でも日本を上回るスピードで高齢化が進んでいる。その筆頭が韓国で、65歳以上人口が全体の7%から14%になるのにわずか18年(1999年から2017年)しかかかっていない。続いてシンガポールが20年(1999年から2019年)、そして中国が23年(2002年から2025年)と、高齢化のスピードは半端なく速い。このような社会では、今後、介護や高齢者福祉に対する大きな需要が発生するとともに、人口減や医療費の抑制に向けた動きが活発化するだろう。[注3]

前述のように、日本が超高齢社会へと移行した期間は24年であるが、フランスでは115年、スウェーデンでは85年、そしてアメリカでは72年と、長い時間をかけて超高齢化社会に対応してきた。比較的短期間とされる英国やドイツでも、高齢化にはそれぞれ46年と40年を要しており、介護や高齢者福祉の制度を熟成させるために長い時間をかけることができた。その一方で、わずか24年で、世界でも先進的な制度を完成させた日本の制度構築のパワーとイノベーションは、今後高齢化が進展するアジアに対し、貴重な経験と技術を提供することを可能にしてくれる。

短期間で超高齢化社会に移行した日本では、人口の高齢化によって伸びた市場がある。それがヘルスケア、医療、介護、旅行、そしてスポーツ・フィットネス施設の利用である。さらに、人口減によって先細る労働力を補完するＡＩや、ロボットを活用した「サービステクノロジー」など、危機をチャンスへと転化できる分野も存在する。

日本は今後、アジアの超高齢化先進国として、国内で培ってきた健康・医療サービスや介護福祉事業のノウハウ、アクティブライフスタイルを実践するための日常的なスポーツ・フィットネスサービスの提供、高齢化と人口減で疲弊する地方都市を活性化するツーリズムの仕組み、空き家対策、そして使われなくなった学校や公共施設等をスポーツ合宿施設に活用する公有施設コンバージョンビジネス等の経験を、輸出が可能なサービス商品へと転化していかなければならない。

日本貿易振興機構（ジェトロ）は、日本からの輸出と海外投資の呼び込みに取り組む組織であるが、メイドインジャパンの製品（モノ）だけでなく、外食、健康・ヘルスケア、学習塾、ホテル、小売・流通、理美容、ＩＴサービス、そしてスポーツなど、アジアで今後需要が高まるサービス（コト）の輸出にも力を入れている。高齢化するアジアに対しては、スポーツビジネスの成長分野であるスポーツツーリズムが有効で、イベントプランニングのノウハウや新しいスポーツ領域（例えばアウトドアスポーツ等）の普及拡大、そしてスポーツイベント開催後のレバレッジ戦略の企画立案といった領域において、サービス貿易を拡大できる可能性がある。

2 都市から地方へ、モノからコトへ

都市型モノ消費から地方型コト消費へ

訪日外国人の増加は続いているが、行動形態に関しては変化が見られるようになった。それが訪日リピーターの増加と、訪日回数の増加にともなう一人当たり旅行支出の増加である。観光庁が実施した「平成29年訪日外国人消費動向調査」によれば、過去に2回以上訪日したリピーターの割合は、毎年約6割前後で安定しており、２０１１年から２０１７年までの7年間の平均は62・０％である。ただ、訪日外国人の総数は毎年2割近く増加しているため、訪日リピーターの実数は、２０１１年の４０１万人から２０１７年の1千７６１万人まで４・４倍に急増している。[注4]

訪日リピーターの特徴は、リピート回数を重ねる度に一人当たり旅行支出が増えることとであり、１回目に比べて10回以上のヘビーリピーターは2〜4割程度高くなっている。例えば韓国の場合、１回目の旅行支出は6・5万円だが、10回以上になると8・4万円に増え、香港の場合は、１回目の14・3万円が19・8万円に増える。もう一つの特徴は、リピート回数が増えるとともに、行動範囲が都市から地方へと拡大する点にある。観光庁の調査における地方とは、千葉県、埼玉県、東京都、神奈川県、愛知県、京都府、大阪府、兵庫県以外の都道府県と操作的に定義されているが、韓国、台湾、香港ともに、旅行

回数が増えるほど地方訪問率が高まることが報告されている。

今回の調査では、日本滞在中に行ったアクティビティの中に、「スキー・スノーボード」と「スポーツ観戦（相撲・サッカー・野球等）」というスポーツ関連の項目があり、今回したかどうか？　そして次回したいかどうか？　という質問項目が用意された。今回の台湾、香港、中国のスキー・スノーボード実施率は、旅行回数に関係なく4％から7％程度であるが、次回の訪日で実施したい希望率については、旅行回数に関係なく17％から27％という高い数字を示した。スポーツ観戦についても、今回は0～1％の実施率だが、次回については5％から9％という希望率を示すなど、従来の「都市型モノ消費」から新しい「地方型コト消費」へという大きな流れが生まれる中、スポーツツーリズムに対する潜在的ニーズの存在が明らかになった。

図表0・2に示したのは、都市型・地方型×コト消費・モノ消費の行動分類である。もし、都市から地方へ、モノからコトへという流れが顕在化するならば、今後、地方型コト消

	都市型	地方型
モノ消費	都市型モノ消費 ●百貨店、家電量販店、アウトレットモール、ファッション専門店での爆買い ●ドラッグストア、コンビニエンスストアでの日用品の購買	地方型モノ消費 ●特産品、物産品、お土産、地酒、民芸品、銘菓、名産品の購買
コト消費	都市型コト消費 ●スタジアム、アリーナ、劇場におけるコンテンツ消費 ●公道利用のアクティビティ（マラソン大会、公道カート、アーバンスポーツ等） ●観光名所めぐり	地方型コト消費 ●アウトドアスポーツ（リバーラフティング、ヒルクライム、フォレストアドベンチャー等） ●ヘルスツーリズム・田舎暮らし体験ツアー（農家民泊、農業体験等）

図表0・2　都市型・地方型×コト消費・モノ消費の行動分類

費はツーリズム産業のブルーオーシャンとして重要な意味を持ってくるだろう。さらに、山形県東根市が行う「果樹王国ひがしねさくらんぼマラソン」のように、地方型モノ消費（さくらんぼ）と地方型コト消費（マラソン）を組み合わせたコラボ企画によって、地方の名産品や特産品のブランド化を進める方法もある。今後、都市から地方へ、そしてモノ消費からコト消費へと移行するインバウンド観光客を引き入れるには、地方が持つ競争優位性を確認し、持てる観光資源を磨き上げる必要がある。都市になく地方にある強力なコンテンツ、それが自然であり、自然を最大限に活用したアウトドアスポーツが秘める可能性は大きい。

スポーツツーリズムに対するニーズ

政府は２０１８年３月に、「まち・ひと・しごと創生基本方針」の具体的取組の一つとして「スポーツツーリズムの需要拡大戦略」（２０１８年）を策定したが、その過程で訪日旅行者数上位７カ国・地域である中国、韓国、台湾、香港、アメリカ、タイ、オーストラリアに住む男女2千1百人のモニターに対して、スポーツツーリズムに関する需要調査を実施した。対象となったのは各国男女１５０名で、直近3年以内に訪日経験がある20代~60代の男女である。[注5]

日本で経験してみたい「する」スポーツツーリズムについては、各国・地域共に「スノースポーツ・スノーアクティビティ」「登山・ハイキング・トレッキング」「ウォーキング」の意向が高く、平均でそれぞれ31・1%、34・2%、32・1%であった。その一方、日本で経験してみたい「みる」スポーツツーリズムについては、各国共に日本らしい「大相撲」「武道（柔道、空手、剣道、合気道など）」が人気である一方、「する」スポーツでも意向が高かった「スノースポーツ」は、「みる」スポーツとしても意向が高いことがわかった。

さらに調査では、「日本で実施すると、楽しそう・面白そうだと思うスポーツ・運動はない」と答えた回答者を除いた割合を「実施意向率」と呼んだ。これは「日本でやれば楽しそう・面白そうなスポーツ・運動がある」と考える人の割合である。調査では7カ国の平均で、93・7％が日本における「する」スポーツツーリズムに対してネガティブな印象を持っていないことが明らかになった。同様に「みる」スポーツツーリズムに関しても、「日本でスポーツ・運動の観戦・応援はしたくない」の選択者を除いた回答者の割合は、7カ国平均で89・8％という高い割合であった。

日本で経験してみたい「みる」スポーツツーリズムでは、オーストラリアの1位に「大相撲（30・0％）」、2位に「武道（28・7％）」がランクされたが、両者とも女性の意向が男性を上回る結果となった。アメリカに関しても、「武道（37・3％）」「大相撲（26・7％）」「格闘技（26・0％）」と、すべての種目で女性の意向が男性を上回る結果となった。折しもスポーツ庁では、2018年度の「スポーツツーリズム需要拡大戦略」において武道ツーリズムを一つのテーマとして扱うなど、日本固有の鑑賞型・体験型コンテンツとして今後の発展が期待される。

筆者は、旅行業界の雑誌である『トラベルジャーナル』（2018年1月号）において、JSTA（日本スポーツツーリズム推進機構）の活動が、事業ライフサイクルの視点から「導入期」を経て本格的な「成長期」へ移行すると指摘した。そして「美しい四季と風景、そして海、山、川、温泉、天然雪といった自然に恵まれた日本は、スポーツ×文化を目的とする訪日外国人のデスティネーションとして、さらに人気が高まる」と述べ、最後に「インバウンドに占めるスポーツツーリストの割合が、10％になる日はそう遠くない」と締めくくったが、観光庁の調査結果を見る限り、この予想が大きく外れることはなさそうである。

3 地方に潜む競争優位性

観光資源の有限性と無限性

日本では、競争優位性のある観光資源が地方に多く眠っている。スポーツに限って言えば、スタジアム、アリーナ、プール等、スポーツ施設は有限であり、競技をするには施設が必要である。JリーグやBリーグのプロの興行ができるスタジアムやアリーナのある自治体は限られている。その一方で、スポーツ環境（資源）は無限である。海、山、川、雪、道路など、あらゆる場所と資源が活用可能である。同様に、有形の文化資産は有限である。著名な寺社仏閣や国立公園など、多くの観光客を引き付ける観光資源を有する自治体の数は限られている。その一方で、無形の文化資産は無限である。ユネスコ無形文化遺産を狙う沖縄空手をはじめ、相撲、柔道、弓道、流鏑馬など、観光コンテンツとしての可能性を秘めた文化資産は豊富にある。

この文脈に沿えば、近年注目を集めている「武道ツーリズム」は、スポーツ文化観光における有望なコンテンツになる可能性を秘めているが、その詳細については第3章で触れたい。今後、スポーツ施設とスポーツ環境、そして有形・無形の文化資産を組み合わせることによって、地方に様々な観光コンテンツを造成することが可能となる。以下では、日本の地方が持つ競争優位性について考察を施してみよう。

世界を圧倒するスポーツ観光資源の豊富さ

日本が幸運なのは、観光資源としての自然資源が豊富にあることであり、これによって、四季を通じた美しい風景の中で、バラエティに富んだアクティビティを楽しむことができる点にある。第3章のコラム3・2で詳述するが、アウトドアスポーツに関する資源は「海洋資源」「山岳資源」「都市近郊資源」「氷雪資源」の四つがあり、それぞれの資源を活用したフィールドにおいて、多様なアクティビティを展開することが可能である。さらに世界6位にランクされる排他的経済水域を含めた広大な海域[注6]、68・5%という高い森林率（フィンランドの73・1%に続く世界2位の割合）、後述する世界でもまれな生物の多様性、そして再生産資源であるパウダースノーなど、アウトドアスポーツの観光資源は豊富である。

スタジアムやアリーナ、そして野球場や陸上競技場を使う一般的なスポーツに比べ、「海」「山」「川」「森」「道路」から、スカイダイビングやパラグライダーなど「空」を使うアウトドアスポーツのフィールドは「広域的」かつ「立体的」であり、「開放的」かつ「複合的[注7]」である。第3章で詳しく述べるが、観光資源には山や海などの「自然資源」と公園や社寺などの「人文資源」があり、前者を活用したアウトドアスポーツと、後者を活用した文化観光が結合した時、「アウトドアスポーツツーリズム」という新しい観光商品が生まれる。高齢化と人口減に悩む地方にとって、地方ならではの自然資源と人文資源を組み合わせた新しい観光商品の造成が可能となる。

生物の多様性

では日本スポーツ観光資源は、実際どの程度の競争優位性を持っているのだろうか？　この疑問に答えるために、自然資源について、日本と同じ島国である英国と比較してみよう。19世紀から20世紀にかけて、産業革命にいち早く成功した英国は、七つの海を支配し、海運と貿易によって世界の富の集積地となった。最盛期には、50以上の植民地と海外領土を有し、サッカー、ラグビー、クリケット、そしてゴルフといった近代スポーツを、世界に広がる植民地に普及させていったことはよく知られている。

その一方で、英国本土の自然資源は、日本に比べると単調で、生物の種類も少ない。植物については日本が5千3百種、英国が1千623種で、その中に占める固有種（その国でしか見られない生物種）は、日本が1千8百種であるのに対して、英国は160種に過ぎない。魚類や哺乳類の固有種も日本が圧倒的に多く、日本がそれぞれ419種、48種なのに比べ、英国の固有種は両方ともゼロである。自然が織りなす景観も、英国と日本は対照的であり、風土や気候も大きく異なる。[注8]

日本では、外国人に人気がある「飛騨里山サイクリング」のように、英語を話すガイドとともに日本の原風景を楽しみ、農村地域の文化に触れ、古民家に宿泊する体験型プログラムに人気が集まっているが、これは里山を取り巻く繊細で美しい自然環境あってのことである。水田が広がる山間の小さな村で、虫やカエルの鳴き声を聞きながら温泉に浸かり、こだわりの素材を使った郷土料理を楽しむことができるのも日本ならではの体験である。豊富な農産物や海産物を素材とする和の食文化は、日本の多様な自然資源に支えられている。なお日本のアウトドアスポーツ環境を構成する生物多様性については、第3章で詳しく述べたい。

観光資源としての天然雪

冬の日本に降る雪も、競争優位性ある自然資源である。日本には海外のスキーヤーに人気があるパウダースノー（天然雪）のほか、かまくらや雪だるま、そして野沢菜のように雪国の生活文化が根付いている。温暖化が進行する世界において、毎年大量の雪が降る日本は、スノースポーツに関しては類まれな利点を備えていると言えよう。

例えば北海道であるが、冷涼な気候と美しい自然観光資源は、毎年多くの外国人観光客や、欧米のスキーヤーを魅了している。また札幌市のように、196万人が住み、冬になると街全体がすっぽりと雪に覆われ、2万3千室以上の客室（ホテル）を備える観光都市は他国には存在しない。札幌市と同じ北緯43度に位置する世界都市としては、世界中の金持ちが集まるモナコやフランスの港湾都市のマルセイユがあるが、ともに雪に覆われるというイメージはなく、むしろヨーロッパの避寒地のイメージが強い。

札幌が持つ国際的な優位性は、これに留まらない。スキー場までの距離が近いという利点がある。札幌国際、テイネ、ニセコなど、1～2時間もかければ2千メートルの高さでパウダースノーを楽しむことができる。それに比べ欧米では、大都市からスノーリゾートに行くには平均で5～7時間かかり、雪がある3千メートルの山腹まで行くには、さらにロープウェーや登山列車を乗り継がなくてはならない。このようなアクセスの良さと、パウダーという雪のクオリティの高さが、多くの外国人スキーヤーを北海道に呼び込む要因になっている。

冬にスキーを目的としてニセコを訪れる外国人観光客の数は急増しており、海外からの不動産投資も盛んである。実際、2012年に8万8千298人だった外国人観光客数は、2015年に17万7千12人に倍増している。その内訳は、全体の19・9%を占める3万5千177人がオーストラリア、ニュージーランド、アメリカ、イギリスから来訪者で、中国、香港、台湾からの来訪者が48・7%を占める。アジアからの来訪者の数は、四季を通じて平準化しているが、欧米系の来訪者は冬に集中している。

ニセコ以外のスキー場で、インバウンドで活況を呈しているのは、野沢温泉や妙高高原など、レンタルスキーからナイトライフまで、フルスペックのサービスが提供できるごく一部のスキーリゾートだけである。アクセスが不便で施設が老朽化し、観光地としての魅力が乏しいスキー場や、リフトが1本か2本しかない自治体が経営する零細スキー場は、国内のスキー需要の停滞によって大きな打撃を受けている。

今後、都市型モノ消費から地方型コト消費の動きが本格化すれば、訪日外国人を地方に誘導する必要が生まれるが、その時に課題となるのが、地方へのアクセスの問題である。スノーリゾートの復活に関しては、第3章において詳しく述べる。

地方空港へのアクセスの改善

訪日外国人のリピート回数が増えるにともなって、従来のゴールデンルートから離れて、佐賀県や静岡県、そして鹿児島県といった地方を訪れる訪日外国人観光客の数が増えている。これまで、地方へのアクセスは大きな問題であったが、ＬＣＣの増加によって、空路による地方都市へのアクセスが各段に良くなった。

国土交通省によれば、２０１７年夏期の国際線（旅客便）の、成田、羽田、関西以外の地方空港シェアは26・3％であった。しかし２０１８年夏期はシェアが30％に増えるなど、微増ながらも地方空港への移行が進んでいる。空港別にみた場合、東北では青森が3便から5便、仙台が17便から21便へと増加する一方、九州では、佐賀が8便から12便、熊本が3便から12便、宮崎が7便から11便、そして鹿児島が19便から26便へと数を増やしており、比較的小さな空港の健闘が目につく。九州には八つの国際空港が存在しており、さらなる成長を受け止めることができるキャパシティは充分に備えている。

その一方、主要地域拠点空港と呼ばれる新千歳、福岡、那覇においても、国際線はそれぞれ１４４便から１６９便、３２８便から３７０便、１８６便から２０２便へと便数を大きく伸ばしている。その中でも沖縄は、クルーズ船の寄港回数も急増しており、２０１６年の３８７回が２０１８年の６６２回へと3年間で1・7倍になっている。その結果、海路と空路から来る外国人観光客の数は急増し、2012年の38万人が2017年には269万人になるなど、わずか5年で7倍という驚異的な伸びを見せた。

筆者の研究室では、沖縄のインバウンド人気が高まる直前（2014年）に、那覇空港の搭乗ゲートで、帰国直前の外国人観光客を対象に、滞在中にどのようなアクティビティに参加したかを調べた。その結果、サンプルの約9割が近隣のアジア諸国から初めて沖縄を訪れた観光客であり、8月に限れば、香港、台湾、中国の観光客の77％、そして日本人の73％が、シュノーケリング、ダイビング、水泳（プール・海）などのスポーツアクティビティに参加したことが明らかになった。スポーツ実施率はその後、12月に向けて緩やかに低下するが、1月以降再び上昇に転じるなど、スポーツが重要なコンテンツであることがわかった。[注9]

アウトドアスポーツツーリズムの可能性

世界的にも優れた自然資源を有し、「地方型コト消費」への移行が進展する日本では、アウトドアスポーツツーリズムが有望視されている。実際、性別や年齢に関係なく、世界的な規模でアウトドアスポーツが広がっている理由の一つとして、スポーツ用品の進化がある。アウトドアスポーツ用品といえば、かつては「ヘビーデューティー」（heavy duty）が主流であった。これは耐久性があることを意味し、激しい労働や過酷な自然条件に耐えられる実用性のある衣料品を指す言葉である。まさに登山家や冒険家が使うガテン系のウェア（衣類）やギア（装備）というイメージである。しかし今のアウトドアスポーツ用品は、軽量化と高機能化による携帯性と、新素材の使用やプリント技術の向上によるファッション性が著しく向上したおかげで、シニア層に加え、「美ジョガー」や「山ガール」と呼ばれる若い女性ランナーや女性登山愛好者を購買層に取り込むことができた。さらに、1台数十万円もするロードレーサーなどの高級自転車の売れ行きも好調で、中高年層のサイクリストの増加が顕著である。

さらに、スノーピークやモンベルといったアウトドアスポーツ用品メーカーが、モノづくりだけでなく、モノを購入して使用する「コト場面づくり」に経営努力を注力していることも、近年のアウトドアブームの一翼を担っている。スノーピークは、キャンプ・アパレルを中心としたアウトドアブランドであり、センスのいいハイスペックな製品群を市場に提供する企業として知られている。同社が注力するのは、製品が使われるコト場面を「野遊び」という言葉で分かりやすく表現し、ユーザーとつながる接点をつくる作業である。その一方モンベルは、アウトドア用品の製造、卸、販売、イベント運営企画、保険業などを手がける総合グループとして成長を続けているが、特筆すべきは、約90万人の会員を擁するモンベルクラブであり、「シートゥーサミット（Sea to summit）」や「ジャパンエコトラック」など、SDGs（第2章で詳説）と密接に関連した事業を展開している。

両社に共通するのは、モノづくりだけでなく、モノが使われるコトづくりを重視する「サービス・ドミナント・ロジック」の経営を行っている点である。モノを生産して売るだけの「グッズ・ドミナント・ロジック」ではなく、すべてはサービスであるという視点から、モノ（アウトドアスポーツ用品）が使われる機会や場面、そして意味を提供することが重要となる。例えばモンベルが提唱する「ジャパンエコトラック」は、トレッキング・カヌー・自転車といった（化石燃料を使わない）人力による移動手段で、日本各地の豊かで多様な自然を体感し、地域の歴史や文化、人々との交流を楽しみながら旅をする、モノを媒介や手段としたコトづくりにほかならない。

4　スポーツ政策のパラダイムシフト

スポーツを取り巻く潮流の変化

２０２０年東京オリンピック・パラリンピック大会の開催が２０１３年に決まって以来、我が国のスポーツ行政は大きな転換期を迎えた。そのきっかけとなったのが、２０１２年のスポーツ基本法の制定と２０１５年のスポーツ庁の設置である。スポーツ庁が設置されたのは、各省庁にまたがって存在したスポーツ行政の一本化にあり、その実現に向けて、文科省をはじめ、経産省、農水省、国交省、外務省等から優れた人材が集められた。そこに民間企業との交流採用で有期雇用された専門家が加わり、日本のスポーツ行政の司令塔としての機能を充分に発揮することが可能となった。さらに、スポーツを取り巻く時代の潮流もまた、スポーツ庁の新しい動きをサポートする状況を生み出す駆動力となった。それが、従来の「アマチュアイズム」が支配する体育的世界観から、ビジネスを基調とする「ビジネスイズム」を基調としたマネジメント的世界観への大転換である。

体育からスポーツへ

実際、「公益法人日本体育協会」も、2018年4月より「公益法人日本スポーツ協会」に名称を変更するなど、スポーツが持つ「力（パワー）」を如何なく取り込むための器の拡張を試みている。1911年に大日本体育協会として発足し、1948年に日本体育協会に名称変更された同協会であるが、国際社会の動向と、文化としてのスポーツの重要性を鑑み、体育の概念を包摂する広義のスポーツという言葉の採用に至ったのである。

筆者は、戦後のスポーツ振興施策を、戦後復興の中で、行政が主導してスポーツ施設を整備して指導者を育てた「社会体育の時代」、高度経済成長期に、地域スポーツクラブを育て地域コミュニティの形成を図った「コミュニティスポーツの時代」、そして年齢に関係なく、学校から社会へとシームレスに移行し、権利としてのスポーツに親しむ機会が保証された「生涯スポーツの時代」の三つに区分し、その後にスポーツに関するヒト、モノ、カネ、情報をマネジメントする「スポーツマネジメントの時代」が到来すると2008年に指摘した。[注10]

現在は、スポーツ政策のパラダイムシフトがもたらした「スポーツにおけるビジネスイズムの浸透」があらゆる場面で観察できるようになり、筆者が予見したスポーツマネジメントの時代が現実のものとなった。スポーツビジネスの進展とともに、スポーツマネジメントの重要性は増しており、スポーツをマネジメントできる経営人材の需要も高まりを見せている。ちなみに、2012年にオリンピック・パラリンピック大会を開催した英国では、2008年に63万人だったスポーツ産業の雇用が2012年には百万人に増加するなど、メガスポーツイベントの開催が、スポーツ産業雇用者数の急増にプラスの影響を与えている。日本のスポーツは、体育の世界から脱皮して、ビジネスと結び付くことで大きく発展するきっかけをつかんだのである。

スポーツ概念の拡張

スポーツの一般的な概念は、「する」「見る」「支える」という三つの行動パターンに集約される。「する」はスポーツに参加することで、ジョギングをすることや、サッカーをプレーすることがこれにあたる。「見る」は読んで字のごとくスポーツの観戦を意味し、スタジアムやアリーナでの直接的な観戦や、テレビやタブレットでの間接的な観戦がある。「支える」については、イメージすることが難しいが、通常のボランティアのように、スポーツイベントを支える無償の活動を意味する。東京２０２０大会のボランティア募集のホームページには、「オリンピック・パラリンピックの成功は、まさに大会の顔となる大会ボランティアの皆さんの活躍にかかっています。大会に関わる多くの人と一丸となって、『東京２０２０大会を成功させたい』という熱意をお持ちの方、またとない自国でのオリンピック・パラリンピックの運営に直接関わりたい方、みんなで一緒に東京２０２０大会を盛り上げていきたい方の応募をお待ちしております！」と記されているが、これがボランティアのイメージをそのまま物語っている。

しかしながら、スポーツの役割は拡大しており、現実社会の動きを包摂するように、スポーツの概念は拡張を続けている。スポーツのパラダイムシフトで最も顕著だったのが、「スポーツの振興」

(development of sports) から「スポーツを通した発展」(development through sports) へというコペルニクス的発想の転換である。学校における体育や、地域住民に対するスポーツ参加機会の提供、そしてスポーツを通じた健康づくりなど、税金を使って行われるスポーツ振興政策は重要な意味を持つ。その一方で、スポーツが持つ「パワー」を活用した社会経済の発展にも目が向けられる時代になった。現代は、新たにスポーツが持つ「触媒的な機能」に注目が集まる時代でもある。

例えば「オリンピック・レガシー」(遺産) である。大会が巨大化し、メディアを通じて世界的な関心事になった90年代以降、オリンピック・パラリンピック大会が、開催地に何を残すかという視点が重視されるようになった。世界のスポーツ政策が、大きなパラダイムシフトを遂げている現在、大会が、社会にどれほど「有益な遺産」を残すかという視点と、遺産を「先人が残した遺物」として保存するのではなく、それを後世に向けて活用する「レガシー・アクティベーション」(レガシーの活性化) の考え方が重視されるようになった。

その一方で、メガスポーツイベントがもたらす不確定な経済効果や、建設されたスポーツ施設の場当たり的なレガシー計画が、開催都市に負のインパクトを残すことが徐々に明らかになってきた。よって最近では、学術界を中心に、「何を残すか」よりも「どのように残すのか」という議論が盛んになってきている。これが「スポーツイベント・レガシー」から「スポーツイベント・レバレッジ」という考え方へのシフトである。[注11] 後者は、開催都市におけるベネフィットを確実に創出するための戦略的かつ積極的な取り組みを意味する。例えば、メガスポーツイベント後の開催自治体のスポーツ実施率が向上することが期待されているが、これはあくまでレガシーとしての計画であり、誰がどのようにして数値を上げるかを戦略的にマーケティングするのがレバレッジである。よってメガスポーツイベントの開催にあたっては、地域スポーツコミッションのような、レガシー計画をマーケティングによって実行に移すことができる組織の設置も議論されるべきであろう。

5 稼げるスポーツ地域まちづくりの仕組みづくり

スポーツ地域マネジメントの可能性

21世紀になり、「パワー・オブ・スポーツ」(Power of Sports)という言葉が世界で頻繁に使われるようになった。読んで字のごとく、スポーツの力を意味する言葉であるが、その背景には、スポーツが社会を動かす経済的な力を持つようになったという事実がある。その結果、スポーツは、運動部活動や競技力の向上といったスポーツの発展から、まちづくりや都市経営といった、スポーツをキャタリスト(媒体)とした社会の発展へと守備範囲を大きく広げた。

本書がテーマとする「スポーツ地域マネジメント」は、地域に経済的に自立した「スポーツエコシステム」を構築することが目的であり、そのために、地域におけるスポーツの発展というインナーの政策を実行するとともに、地域における自然・文化環境を最大活用して、域外からスポーツツーリストを誘客するアウターの政策を同時展開することにある。これらの政策の同時展開のキーワードになるのが

「スポーツ文化観光」であり、持てる地域資源を総動員することによって、地域にネクストフロンティアをつくる創造的な作業である。

地方におけるスポーツによる地域活性化には、高い関心が寄せられているが、現実には、大多数の地域で若者層を中心に人口流出傾向が続いており、将来の地域活性化を支える人材や、観光振興やスポーツビジネスを牽引する人材が不足しているのが現状である。その一方で、スポーツイベントによる交流人口の拡大や経済効果の創出を目指す動きや、2020年オリパラのホストタウンとなり、スポーツ都市としてシティプロモーションを図る取り組みに対する関心は高まりを見せている。必要とされるのは、将来、スポーツによる地域活性化に夢を馳せる若者への具体的な提言であり、具体的事例の紹介を通じた啓蒙活動である。

地域スポーツのエコシステムの確立

高齢化と人口減少に直面する地方都市は、我々の予想をはるかに超える速度で進展している。ドーナツ化現象によって都市の中心部は空洞化し、若年層の減少が消費の低迷を招き、後継ぎがいない空き家が急速に増えている。国土交通省の推計（2016年）によれば、わが国の公的不動産は約590兆円（固定資産及び土地の総額）であり、地方公共団体が所有する不動産が450兆円を占める。その中で大きな問題となっているのが、使われなくなった学校、すなわち廃校である。少子高齢化の進展によって廃校になる学校（累積数）は一定の割合で毎年着実に増えており、廃校後の再活用が課題になっている。

文部科学省によれば、2002年から2017年に全国で発生した廃校の数は7千583校で、その中の9割弱の施設（6千580校）が現存しており、74・5％の4千905校は廃校後に再活用されている。残りの1千675校のうち、204校は活用の用途が決まっているが、1千295校は用途未定であり、176校は取り壊しを予定しているが、用途が決まらない理由として、施設の老朽化、地域需要の欠落、立地条件の悪さ、財源確保の困難さなどが挙がっている。

現在再活用されている廃校（4千905校）の用途は、学校（大学を除く）や社会体育施設、社会教育施設・文化施設、そして企業等であるが、多くが地域のスポーツ施設として有効利用されていることは注目に値する。その理由としては、大きな改修を必要とせず、廃校になった後も体育館の機能をそのまま利用できるということと、スポーツ施設の場合、文科省が定める「公立学校施設整備費補助金等に係る財産処分の承認等について」（平成9年11月20日）に関する一定の条件を満たしており、学校建設時の補助金返還が免除されたからである。[注12]

本書では、今後増える廃校をどのようにスポーツ振興の拠点として活用するか、そして補助金に頼らず、財政面で自走化できる「稼ぐ組織」をどのようにつくるかという問題にフォーカスしたい。スポーツにおける資金調達に関しては、第5章において詳しく述べる。

2018年3月に内閣府地方創生推進事務局がまとめた「稼げるまちづくり取組事例集：地域のチャレンジ100」には、現在の苦境を脱するための多様な事例が紹介されている。100のチャレンジは、「空き店舗・古民家等を活用した起業・移住促進による稼げるまちづくり」（30件）、「伝統的な街並みを活かした集客拡大による稼げるまちづくり」（16件）、「観光需要を取り込む稼げるまちづくり」（17件）、「地場産業を核とした稼げるまちづくり」（6件）、「健康長寿をテーマとした稼げるまちづくり」（7件）、そして「コミュニティの賑わいづくりによる稼げるまちづくり」（24件）の六つのカテゴリーがあるが、これらのチャレンジに共通するのは、地域で稼ぐ仕組みづくりである。

その中でスポーツに関係したまちづくりとして、新潟県長岡市による「アリーナや市役所機能等の複合施設アオーレ長岡を拠点とした中心市街地活性化」の事例が紹介されている。そのエッセンスは、大規模イベント等に使えるアリーナや、屋根付き広場「ナカドマ」を、市庁舎と一体的に整備した複合施設の建設にある。郊外にあった市庁舎をまちなか移転するとともに、プロバスケットボールの興行などを通じて、持続性のある賑わいづくりが実現したが、その結果、中心市街地の店舗数も増加に転じ、2008年の965店舗が、2016年には1154店舗に増加するなど一定の効果があった。

現在日本では、スポーツ庁が中心となって、全国でスタジアム&アリーナの整備計画を進めているが、今後アオーレ長岡のように、スポーツ施設を核としたまちづくりが本格化することが考えられる。そのためには、ハード整備と並行してスポーツイベントの誘致・開催に特化した組織（地域スポーツコミッション）を設置し、地域住民や観光客が消費活動を行う理由をつくるソフト整備に力を注がなければならない。地域スポーツコミッションについては、第1章において、最新の動向を詳述したい。

注

注1：国立社会保障・人口問題研究所「日本の地域別将来推計人口」〈http://www.ipss.go.jp/pp-shicyoson/j/shicyoson18/t-page.asp〉２０２０年３月２日参照

注2：諸富徹『人口減少時代の都市』中公新書（２４７３）、２０１８年

注3：国立社会保障・人口問題研究所「人口統計資料集」〈https://www8.cao.go.jp/kourei/whitepaper/w-2019/zenbun/pdf/1s1s_02.pdf〉

注4：観光庁「訪日外国人旅行者の訪日回数と消費動向の関係について―韓・台・香・中のリピーターに着目して―」〈https://www.mlit.go.jp/common/001230647.pdf〉２０１８年６月30日参照

注5：スポーツ庁「スポーツツーリズムに関する海外マーケティング調査分析資料」〈http://www.mext.go.jp/sports/b_menu/shingi/019_index/shiryo/__icsFiles/afieldfile/2018/03/23/1402586_00003.pdf〉２０１８年７月２日参照

注6：日本の領土（陸地）の面積は世界で61番目であるが、他国を排除して経済的な権益を持つ海域（排他的経済水域）と領海を足した面積は、世界で6番目の広さになる。さらにこれに「深さ」を加えた海の大きさ（海水の体積）になると世界で4番目の大きさである。（山田吉彦『日本は世界4位の海洋大国』講談社プラスアルファ新書、２０１０年）

注7：例えばトライアスロンのように、スイム、バイク、ランという三つの種目から構成されるスポーツは、海や湖、そして道路等が使われるという意味で、複合的である。

注8：〈https://www.maff.go.jp/hokuriku/kokuei/shinacho/attach/pdf/koho-8.pdf〉を参照（２０２０年３月２日）

注9：沖縄県「沖縄県スポーツツーリスト調査等事業実施報告書」〈http://www.pref.okinawa.jp/site/bunka-sports/sports/kikaku/documents/h27sportstouristchousa.pdf〉２０１８年７月２日参照

注10：原田宗彦・小笠原悦子『スポーツマネジメント』大修館書店、２００８年

注11：相澤くるみ『イベントレガシーからイベントレバレッジへ』笹川スポーツ財団ウェブサイト：国際情報〈http://www.ssf.or.jp/research/international/spioc/us/tabid/1628/Default.aspx〉２０２０年３月２日参照

注12：財産処分手続に関する規定はその後、文部科学省大臣官房文教施設企画部長通知「公立学校施設整備補助金等に係る財産処分の承認等について」（２００８年６月18日付）によって国庫納付金免除範囲の拡大等の緩和がなされ、学校以外への施設の転用の道が広がった。

第1章 地域が直面する課題とスポーツの可能性

1　硬直化する官主導の地域スポーツ振興施策

従来制度が迫られる仕組みの見直し

日本における地域スポーツ振興の制度は、戦後の経済成長の中、官主導で整備が進んだ。しかしながら、序章で概観したように、日本の人口は高齢化し、児童生徒の減少に伴って廃校の数も増加している。そこで本章では、社会を取り巻く状況が大きく変化する中、地域スポーツ振興の制度を見直し、直面する危機的状況（ピンチ）は、機会（チャンス）を生み出す駆動力になるというマインドをベースに、新しい地域スポーツマネジメントの仕組みを提案したい。具体的には、１９６４年東京五輪大会のレガシーの一つであり、その後の地域スポーツの振興において大きな役割を果たした「スポーツ推進委員」制度や「総合型地域スポーツクラブ」政策等の検証とともに、スポーツによる地域活性化を担う新しい事業体について考えてみたい。

スポーツ推進委員：安価な名誉職からの脱皮

スポーツ推進委員とは、１９５７年の文部事務次官通達により発足した「体育指導委員」のことであり、２０１１年８月に施行された「スポーツ基本法第32条」によって名称が変更された。もともと体育指導委員の役割は、スポーツの実技指導やスポーツに関する指導及び助言が中心であったが、新しい考え方として、「スポーツの推進のための事業の実施に係る連絡調整としての役割」といった職務が付加されることになった。

その背景には、スポーツ基本法の立法精神が、「スポーツの発展」(development of sport) から、「スポーツを活用した発展」(development through sport) に移行する中で、スポーツ推進委員の仕事にも、指導・助言だけでなく、スポーツの推進に係る事業に関するマネジメント的役割が求められるようになったことがある。すなわち、新たに加えられた「連絡調整」という職務であるが、これは英語で言う「リエゾン&コーディネーション」(liaison and coordination) であり、連携や橋渡しという意味が含まれている。この新しい職務を、スポーツ基本法の精神に照らして表現するならば、スポーツ推進委員には、ある事業の完遂に向けて、人と人、あるいは組織と組織を結びつけ、調整を図る役割が求められることになる。これはまさに地域におけるヒト、モノ、カネをマネジメントする仕事にほかならない。

もともと体育指導委員は、1961年に制定された「スポーツ振興法第19条」の中で、市区町村教育委員会任命の「非常勤公務員」として、法的に位置づけられたという経緯がある。この制度がユニークなのは、体育指導委員を「非常勤公務員」としたことで、公的な立場で活動することが可能となり、仕事に「誇り」や「名誉」を与えるとともに、(準公務員として若干の手当てが支給されることもあるが)財政的な負担を極力抑えることができる点にあった。

ただしこの制度がうまく機能したのは、60年代から70年代にかけて、社会教育としての体育が主流であった「社会体育」の時代と、その後、70年代から80年代にかけて、高度経済成長期に希薄化した地域の連帯感を強めることを重視した「コミュニティスポーツ」が強調された時代であり、体育指導委員は、地域スポーツクラブや市民体育祭といったイベントなど、官主導のスポーツ振興の先導役を担った。

その後90年代になり、幼児から高齢者まで、すべての人がスポーツに親しむことを強調した「生涯スポーツ」の時代に移行すると、スポーツの主体は大衆から個人に移り、スポーツの場も地域クラブから民間のフィットネスクラブへと多様化するなど、体育指導委員を取り巻く環境は大きく変化する。

さらに90年代後半から現在にかけて、スポーツのビジネス化や事業化が進展すると、スポーツ事業のＰＤＣＡサイクルを動かすマネジメント機能を重視する時代へと移行する。２０１７年には第2期スポーツ基本計画が策定され、スポーツ政策全体に目標年と目標値が設定され、マネジメント的色彩が濃くなる中、スポーツ推進委員にも地域の「スポーツマネジャー」としての役割が期待されるようになる。

スポーツ推進委員に関しては、委員の高齢化やなり手不足（定員枠の未達）、そして無理に頼まれて引き受けた委員の低いモチベーションといった問題があるが、今後は、非常勤公務員という名誉職を維持しつつ、行政が持つ権限を委譲（エンパワー）し、同時にスキルアップを図ることによって、（時代に対応した）新しい役割を付与することが重要である。

停滞する総合型地域スポーツクラブ

総合型地域スポーツクラブは、90年代に文部科学省が打ち出した目玉政策で、複数のスポーツ種目が楽しめる住民主体のクラブづくりを行うスポーツ振興事業である。ちょうどＪリーグが誕生し、地域密着型のプロサッカークラブに注目が集まった時期であり、当時のJリーグの川淵チェアマンが選手時代に滞在した、ドイツのスポーツシューレ[注1]の美しさと、多様なスポーツが楽しめる複合的な機能に感銘を受け、全国にこのようなクラブをつくりたいという理想を社会に向けて発信し始めた時期でもあった。この動きが、Jリーグのプロクラブ事業と連動し、総合型地域スポーツクラブ（以下、総合型クラブ）を全国に設立しようという動きに連鎖していった。

総合型クラブの育成施策が開始されたのは1995年であり、その数は徐々に増えていったが、2002年から2003年にかけて、クラブ数は541から2千155へと4倍に増加する。実際2001年から2011年を目途とした「スポーツ振興基本計画」においても、地域におけるスポーツ環境の整備充実の最重要課題が、総合型クラブの全国展開であった。その後クラブ数は順調に増えていき、2014年には3千5百の大台に乗るが、現在はこれ以上増加が見込めない飽和期にある。その一方で、総合型クラブの活動内容には濃淡があり、少数の成功事例とそうでない多数の事例が混在している。実際、2016年には、創設済みの3千599クラブの9%にあたる327クラブが廃止・統合・移行になるなど、成長に陰りが見えているのも事実である。[注2]

総合型クラブ政策の最大の弱点は、クラブが自前の施設を持たないネットワークだけの「共同体」である点で、法人化率も低く、指定管理者としてPDCAサイクルを回すだけの事業体としての力も乏しい。実際、総合型クラブの89・4%が会費を徴収しているが、月平均は965円であり、予算規模も35%が1～百万円と、財務的には同好の志が集まる共同体の域を出ていない。その反面、自己財源率（全体収入に占める会費、事業費、委託費の割合）は高く、5割以上と答えたクラブが全体の72％を占めている。スポーツ振興くじ（ｔｏｔｏ）による助成も、ピーク時の２０１２年に比べて半減し、文科省の予算主要項目からも総合型の文字が消えるなど、活動は転換期を迎えている。

法人格を有する総合型の数は34％と増加基調にあるが、その中で地方公共団体から指定管理者として指定された総合型は７％（２１９クラブ）に過ぎない。よって大半のクラブの自主財源は会費収入のみとなっている。その一方で、総合型というカタチにとらわれない、同好の士が集まるクラブの場合、法人格や補助金は必要なく、自主財源は会費のみで充分である。特に単一種目のスポーツクラブ（単一型）の場合、運営はシンプルで成員の関係はフラットである。例えば、筆者が設立した「豊島テニスクラブ」は、週末に大阪府立豊島高校のテニスコートを借り、年間２千円の会費で運営する任意団体であり、学校長がクラブの会長を務める。よって学校とクラブの運営上のコンフリクト（対立）は皆無で、テニスコートの整備や備品の寄贈、高校テニス部員との交流など、両者は良好な関係を保っている。

今後の地域スポーツマネジメントの方向性

総合型地域スポーツクラブには、共通目的、社交性、自発性、自前主義、規範性といった成立要件があるが、ここには「事業性」という概念が欠落している。これが、収益をベースとした事業の持続性を困難にしている。繰り返すように、クラブの部員が会費を出し合い、規約に基づいてクラブを運営するだけの共同体ならば、あえて事業性に触れる必要はなく、総合型という枠組みを維持するための補助金も必要ではない。例えば、１９６９年に設立された垂水区団地スポーツ協会のように、団地に住む住民が協力して、行政に掛け合って空き地を整備してテニスコートをつくるところから始まったクラブは、現在も存続しており、持続可能な地域スポーツのエコシステムを維持している。その一方で、補助金ありきで整備されたトップダウン型の総合型クラブでは、事業性の欠落が、そのまま廃止・統合、あるいは活動休止へと移行するケースが多い。

　今後の方向性としては、施設の管理運営や集客マーケティングなどの事業力を持つ「機能体」としての発展と、同好の士が集まってスポーツを楽しむ「共同体」としてのクラブの維持という方向性に二極分化していくと予想される。前述のように、総合型地域スポーツクラブは、緑豊かなドイツのスポーツシューレをベンチマークとすることで一気に拡大していった。ドイツには、スポーツシューレのほかに8万以上の地域に密着したスポーツクラブがあり、その内の約3割が複数のスポーツで構成される複合型になっている。正確に言うと、日本の総合型地域スポーツクラブ政策は、この3割の複合型クラブに似た組織を、政策として全国に設置しようというのが狙いであった。しかしながら、スポーツ施設がクラブ所有であるか否かという点と、クラブ事業で収益を得る仕組み（すなわちマーケティング的発想）があるかどうかという点において、日本とドイツのスポーツクラブは大きく異なる。

　ドイツのスポーツシューレの場合、施設の運営は、州のスポーツ連盟やドイツサッカー協会の地域協会などのスポーツ団体が行っており、運営主体の責任による独立採算が原則となっている。例えば、中野元[注3]がレポートしたドイツ・デュイスブルクにあるヴェーダウ・スポーツシューレ（Sportschule

Wedau）は、約2百ヘクタールの広大な敷地に、サッカー、陸上競技、レガッタ、バスケットボールなどの施設がある総合スポーツセンターであり、収入源は、①施設利用料（スポーツ・研修・宿泊施設等）、②民間企業のスポンサー料、そして③国や州及びドイツサッカー協会からの補助などによって成り立っているが、施設を管理するそれぞれの運営母体が収益性を重視したマネジメントを行っている。

日本の場合、施設面では、国体などで整備された県の総合運動公園の規模感がこれに該当するが、運営については指定管理者まかせのケースがほとんどで、地域のスポーツ団体やクラブが自主的に運営する（あるいは連携する）施設にはなっていないのが実情である。しかしながら、総合型クラブが核となりつつ、施設管理を請け負うことで、ドイツのスポーツシューレに近い動きを展開する事業体も存在する。そして、これらの事業体にこそ、将来の地域スポーツマネジメント発展の鍵が隠されている。

2 不可欠なインナー・アウター視点の両立

地域スポーツ振興に取り組む事業体のあり方

硬直化する地域スポーツマネジメントに一石を投じるべく、スポーツ庁は、人口減が顕著な、規模が小さい中核都市未満の市町村において、財政的に自立した地域スポーツ振興の事業体の在り方を探るために、「スポーツによる地域活性化を担う事業体についての検討会」（２０１６年度）を発足させた。

筆者は座長として、この検討会の取りまとめを行った。当時から現在に至るまで、地域スポーツに内在する最も大きな課題は、各市町村の体育協会、総合型スポーツクラブ、スポーツ少年団、スポーツ推進委員協議会などのパブリックサービスを担う非営利組織の連携が乏しく、シナジー（相乗作用）が発揮できていない点であり、ドイツのようなスポーツクラブが運営する自前の拠点施設もなく、施設運営者との連携も不十分であることを確認した。このような問題意識をベースに、財政的な組織の自立と地域スポーツ振興、そして雇用の創出等を可能にする組織の在り方を探った。

検討会では、数ある体育協会や総合型スポーツクラブの中で、スポーツを核に幅広い事業を展開することで、組織の「経済的自立」と地域の「スポーツ振興」を両立し、雇用の受け皿となる「事業体」として成功したクラブを選んだ。以下に述べる三つの事業体は、総合型地域スポーツクラブを核とした、経済的に自立した事業体であり、年間取扱額は2億円から4億円で多くの雇用を生んでいる。

「経済なき道徳は『たわごと』」を掲げる掛川市体育協会

静岡県掛川市において、指定管理者として市内13カ所にある公共スポーツ施設の一括管理を行っている「NPO法人掛川市体育市協会」は、地方体協が事業体となっているユニークな事例である。「掛スポ」と呼ばれる総合型地域スポーツクラブのほか、指定管理者としての受託事業と、合宿や大会の旅行代理店業務等の自主事業で、2017年度の年間取扱額は約5億円（受託事業が65%、自主事業が35%）にのぼる。地方体協といえば、通常は補助金で運営され、専従の職員さえ置いていないケースが多いが、掛川市体育協会は、プロパー職員が83名という大きなNPO法人である。

一方で、「掛スポ」のスポーツクラブ事業は約2千1百人の会員を抱え、約1億円の収入によって補助金に頼らない自主運営を行っている。これをインナー事業とすれば、「掛ファーム」と呼ばれる市民農園事業、「掛ツアー」と呼ばれる着地型ツーリズムの企画やスポーツ大会・合宿などの地域手配事業などのアウター事業も同時に展開しており、地域の発展とまちづくりに貢献している。同体協が目指すのは、健全なコミュニティビジネスの推進による行政コストの削減であり、そのための自主財源の確保と体協の存在価値の向上である。その経営には、経済なき道徳は「たわごと」、道徳なき経済は「犯罪」という二宮尊徳の教えが色濃く反映されている。

地域に雇用を生む出雲スポーツ振興21

出雲スポーツ振興21は、2000年4月、人口17万人の出雲市に誕生したNPO法人であり、「いずもスポーツクラブ21」という総合型地域スポーツクラブ（中央クラブ）を運営するほか、指定管理者となっている10の公共施設を活用して、スポーツ教室や介護予防事業を含む高齢者の健康づくり支援を行っている。中央クラブはまた、複数の地域クラブ（中学校区対象）への支援とネットワーク事業も展開している。これらをインナー事業とすれば、出雲スポーツツーリズム、スポーツ文化イベント誘致、緑化推進事業、アイルランド交流、そしてネットワーク推進といったアウターの事業も実施している。

事業規模については、職員数が51名（正職員は20名）、年間取扱額が4億5千8百万円（2018年度決算）であり、地域に雇用を生むとともに、出雲市の体育協会、スポーツ少年団、スポーツ推進委員協議会などの事務局支援を行うなど、同市の地域活性化の中核を担うハイブリッド事業体である。収入の大半は指定管理料であるが、今後はサイクリングイベントを含むスポーツツーリズム関連の自主事業の比率を増やす方向で、健全な事業規模の拡大を目指している。

スポーツコミュニティ軽井沢クラブの総合的な事業展開

ＮＰＯ法人スポーツコミュニティ軽井沢クラブは、事業型の総合型地域スポーツクラブで、職員数は69名（内正職員24名）で、２０１５年度の年間取扱額は約2億9千万円である。このクラブの特徴は、日本最大のカーリングホール（6シート）や、テニスコート、ジム&プール、総合体育館、グラウンド、屋外アイススケートリンクを擁する大規模な町営運動施設を、クラブ指定管理者として一括経営している点で、ドイツのスポーツシューレに似た運営形態である。

カーリングを核とした地域スポーツ振興では、トップチームの育成から国際競技大会の開催、そしてジュニア教室・スクールの運営まで、幅広い事業を展開するほか、マラソンやサイクリングイベント等のアウター的集客事業にも力を入れている。同クラブの組織には、指定管理・受託事業部といった収入の6割以上を稼ぐ部門のほか、総務部や企画開発部に加え、スポーツマーケティング部という攻めの経営を担う部署がある。これらの部署の協働により、インバウンド対応やＭＩＣＥ事業を行うＤＭＯ的役割や、軽井沢観光協会と連携したイベントのコンシェルジュ機能を担うなど、観光地としてのアドバンテージを活かした域外との交流事業が活発に行われている。

稼ぐ力を内包したハイブリッド型事業体

これら三つの事業体に共通しているのは、総合型クラブが担ってきた地域内のマーケットを対象とした活動に、事業性を加味することによって収入の獲得を目指すとともに、地域外のマーケットを対象とした活動によって、外部から収入を獲得する事業を戦略的に行っている点である。地域内のマーケットを対象としたスポーツ振興において、住民の健康づくりや地域スポーツの振興、そして学校の部活動や公共スポーツ施設の管理運営といった、スポーツによって住民の健康と幸せを最大化する「地域資産形成型」のインナー政策を動かす一方、地域外のマーケットを対象にして、スポーツイベントや合宿誘致などで域外からビジターを呼び込み、地域を活性化する「域外交流振興型」のアウター政策を同時展開するなど、これら事業体は、インナー・アウターの両方に〈稼ぐ力〉を内包している。

図表1・1に示したのは、前述した三つの総合型クラブの代表者を交えた検討会の討議から生まれた「ハイブリッド型事業体」の概念図であり、地域スポーツの振興において内外から収入を得る仕組みが示されている。図表の左側はインナーの政策であり、従来の地域スポーツ振興組織の視点を進化させたもので、地域内からの収入を得る方法を示した。収入源は「住民」「地域行政」「企業・団体」の三者である。第一の住民については、スポーツ教室参加費やクラブ会費等で、スポーツサービス収入が主たるものである。第二の地域行政に関しては、指定管理者収入をベースとして、スポーツ団体の事務局業務の代行や、学校の部活動のコーチ派遣、そしてプールなどの授業支援等を行うことで収入を得ることができる。第三の企業・団体については、スポーツイベント等での企業協賛や、スポーツ施設に対するネ

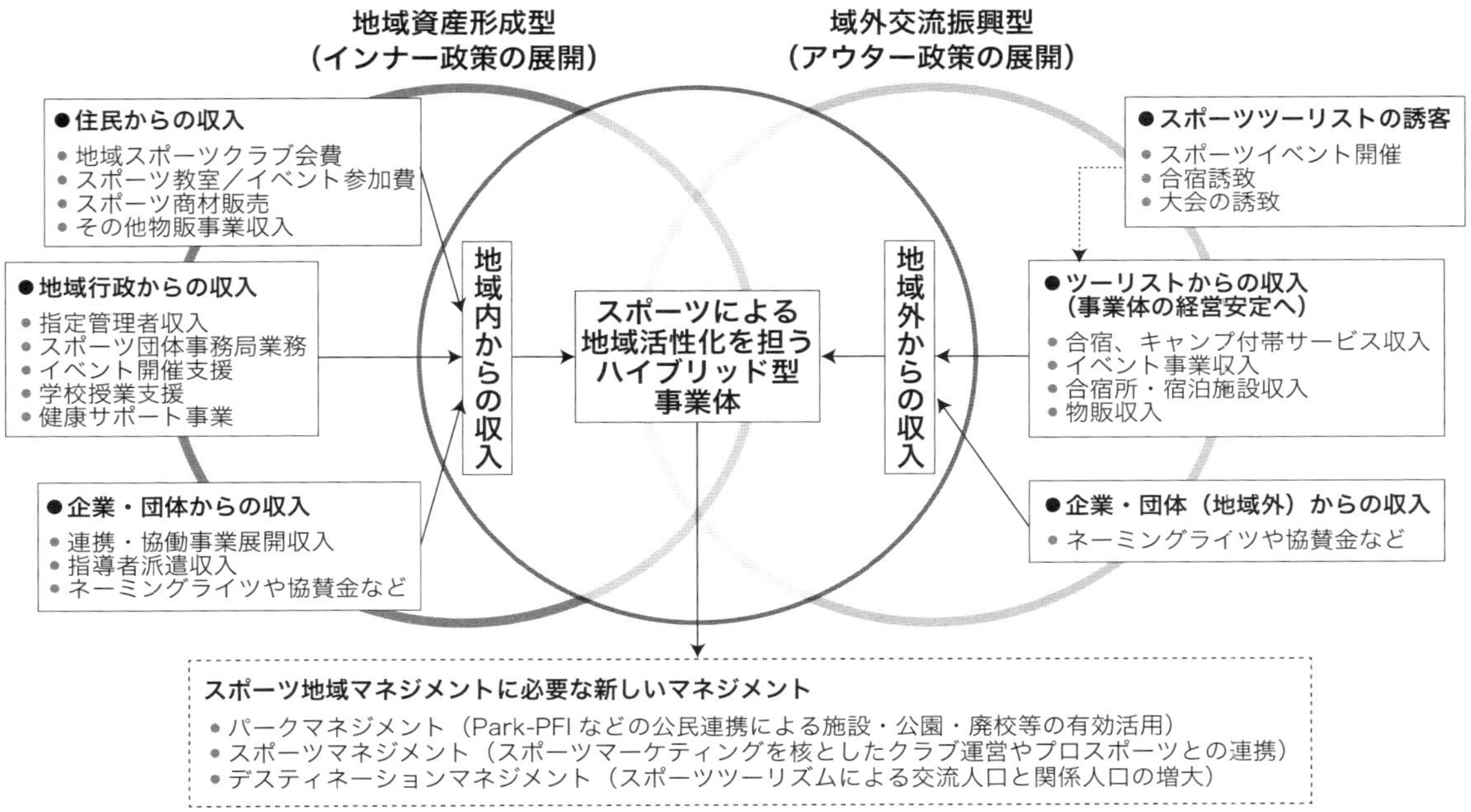

地域資産形成型
（インナー政策の展開）
域外交流振興型
（アウター政策の展開）
●住民からの収入
・地域スポーツクラブ会費
・スポーツ教室／イベント参加費
・スポーツ商材販売
・その他物販事業収入
●地域行政からの収入
・指定管理者収入
・スポーツ団体事務局業務
・イベント開催支援
・学校授業支援
・健康サポート事業
●企業・団体からの収入
・連携・協働事業展開収入
・指導者派遣収入
・ネーミングライツや協賛金など
地域内からの収入
スポーツによる地域活性化を担うハイブリッド型事業体
地域外からの収入
●スポーツツーリストの誘客
・スポーツイベント開催
・合宿誘致
・大会の誘致
●ツーリストからの収入（事業体の経営安定へ）
・合宿、キャンプ付帯サービス収入
・イベント事業収入
・合宿所・宿泊施設収入
・物販収入
●企業・団体（地域外）からの収入
・ネーミングライツや協賛金など
スポーツ地域マネジメントに必要な新しいマネジメント
・パークマネジメント（Park-PFI などの公民連携による施設・公園・廃校等の有効活用）
・スポーツマネジメント（スポーツマーケティングを核としたクラブ運営やプロスポーツとの連携）
・デスティネーションマネジメント（スポーツツーリズムによる交流人口と関係人口の増大）

図表 1-1 〈インナー〉と〈アウター〉の性質を有したハイブリッド型事業体

ーミングライツ収入などが期待できる。

図表の右側は、アウターの政策で、地域外からの収入である。これは、後述する地域スポーツコミッションの視点を進化させたものであり、大きく分けて「スポーツツーリストの誘客」と「企業・団体」からの収入が想定できる。第一のスポーツツーリストについては、スポーツ合宿やキャンプによる域外からの誘客、そして第5章で紹介する廃校や公共施設のコンバージョン等による合宿所や宿泊施設を使った事業収入等が想定される。第二については、地域外の企業・団体からのネーミングライツ収入や協賛金である。

アウター政策に関しては、このほかにスポーツイベントの開催による収入も期待できる。例えば、前述の出雲スポーツ振興21は、民間の旅行会社と組んで「縁結びライドin出雲」という「ご縁」をつくるご当地ライドイベントを企画運営しているが、県外からの参加者も多く、収益に貢献している。ただ、スポーツイベントに関しては、安全、警備、運営などのコストも無視できないため、収益に結び付けるのは容易ではない。それよりもむしろ、地域のイベント開催がもたらす果実は、日々の生活において交流機会がない多様な地域の「関係者」(アクター)が、共通の目標を持って集い、一つの目標に向かって議論することで生まれるコミュニティ意識の醸成にあると考えるべきである。

重要なポイントは、これらのハイブリッド型事業体が、スポーツを核とした複合的な事業展開で自主財源を確保し、地域への経済効果も創出する地域活性化装置として機能している事実である。掛川市体育協会のように、インナー政策として「掛スポ」といった総合型クラブ事業を運営する一方、アウター政策として「掛ツアー」を展開し、掛川市の合宿事業を一手に引き受ける事業形態は、地域スポーツマネジメントの一つの理想形である。

なお図表1・1の下部にある、スポーツ地域マネジメントに必要な三つのマネジメントについてであるが、スポーツマネジメントとスポーツマーケティングについては本章後半で、パークマネジメントとPark－PFIについては第5章、そしてデスティネーションマネジメントに関連したスポーツツーリズムについては第3章で詳述した。

コラム1・1

民間フィットネスクラブが運営する総合型地域スポーツクラブ

「ヴィスポことひら」は、香川県琴平町の「いこいの郷公園」の中に位置する、メインアリーナ、サブアリーナ、プール、トレーニングジム、そしてスタジオを持つ大型施設である。運営は、住民が主導する総合型地域スポーツクラブと指定管理を請け負う株式会社コナミスポーツクラブが、それぞれの役割を補完する形で実施している。特筆すべき点は、公民連携（PPP）を強調した「稼ぐ仕組み」の導入であり、住民サービスの最大化と行政負担の削減を同時に実行している点にある。クラブのウェブサイトには、PPPを導入した同公園の運営に関して、以下の文章が掲げられている。

いこいの郷公園は、全国公募により運営プロポーザルで採択された運営手法とそのノウハウを持つ民間企業をパートナーに、運営主体の財団を指定管理者として公園全体の運営を行っています。この手法は単に民間企業との直接の定額契約でなく、官民お互いのリスクを分担して公園運営にインセンティブを導入したいわば疑似PFI方式による、PPP（官民パートナーシップによる公共サービスの民間開放）を実現したものです。それは、従来の「公共が直接公共サービスを供給する仕組み」から「公共サービスの提供主体がマーケットの中で競争していく仕組み」に転換することで、利用者へ高品質の公共サービスを提供し、同時に最も効率よく、公園維持・管理費に対する町負担が半減されるという画期的な運営手法を実践しています。[注4]

総合型地域スポーツクラブである「ヴィスポことひら」は、理事会、評議員会、運営委員会によるガバナンス体制を確立しており、それを支える事務局業務（広報、クラブ・サークル運営、クラブマネジャーの配置、出納業務等）が民間の指定管理者によって行われるという、興味深い連携体制で運営が行われている。このような形態が定着したのは、指定管理の発注の段階で、総合型クラブの運営が必須事業として含まれており、最初からヴィスポことひらの会員＝総合型クラブの会員という建付けになっていたからである。

琴平町の人口は約9千人であり、その6％が会員であるが、周辺の3キロメートル圏に広げると、そこに居住する住民の10％以上が会員という高い割合を示し、2019年8月現在の会員数は3千8百人という驚くべき数字である。さらに、介護予防や生活習慣病対策予防、町内の小学校での水泳指導、そしてスポーツイベントへの支援など、行政課題の解決に向けた多方面の事業を展開している。総合型クラブと民間フィットネスクラブの興味深い共存体制は、今後の「大規模スポーツ施設」「住民主体のクラブ運営」「同じベクトルを共有する指定管理者」といった、三位一体のエコシステム形成を考える上で重要な示唆を与えてくれる。

3　地域に必要なマーケティング的発想

バラエティに富むスポーツによる地域活性化の実例

スポーツ地域マネジメントの振興において、最も重要なツールがマーケティングである。地域のスポーツ実施率を高めたい、多くの人にスポーツサービスを提供したい、顧客や会員の数を増やしてスポーツ事業を成功に導きたいなど、スポーツに関わる人の中には健全なビジネスマインドが宿っている。

スポーツ庁は、「スポーツによる地域活性化」を支える人材育成の参考書として、スポーツ地域マネジメントの代表的な12事例を全国から選定し、〝まんが〟で紹介する事例集を2017年に制作した。[注5] 筆者も選定委員長で関わった12の自治体における事例は次のとおりで、スポーツ合宿、プロスポーツ、マリンスポーツ、サイクリング、車椅子スポーツ、地域スポーツコミッションと、テーマはバラエティに富み、地域は全国に広がっている。

- 北海道網走市「網走をラグビー合宿のメッカに！」
- 岩手県紫波町「日本初のバレーボール専用体育館・オガール　ベース」
- 秋田県秋田市「地域を盛り上げるプロバスケチーム」
- 群馬県みなかみ町「ラフティングの適地として世界が注目」

・新潟県長岡市「新たな中心地・公民一体型スペース・アオーレ長岡」
・長野県松本市「地域密着型のクラブ経営・松本山雅」
・三重県熊野市「マリンスポーツで地域おこし・熊野」
・島根県出雲市「スポーツを核に地域に雇用を生む・出雲」
・愛媛県今治市「しまなみ海道　ブルーラインでサイクリング」
・福岡県飯塚市「アジア最高峰の国際車いすテニス大会」
・佐賀県佐賀市「スポーツコミッションで合宿誘致」
・大分県大分市「世界最高峰の車いすマラソン大会」

これらの事業に共通しているのは、①熱い思いを持った行政職員や関係者のネットワークと協力体制、②地域が抱える課題解決に向けてスポーツを最大活用しようとする積極的な姿勢、③地域にある施設、自然、組織といったリソースの最大活用である。ここでは加えて、これらの事業に関わる個人や組織が、「販売志向」ではなくすべてが「マーケティング志向」であるという点に注目したい。

販売志向とは、地域スポーツを提供する側（例えば行政）が陥りやすい罠で、サービス提供者の論理で、住民（あるいは顧客）はこのようなスポーツサービスが必要であると決めつけて、顧客や市場の意向に関係なくサービスを提供することである。たまたま顧客や市場のニーズに合致すればよいが、現実にはそうでないケースが多い。マーケティングの基本である、市場調査やニーズ調査をせずに売り物を決めて、サービス提供者のニーズで事を運ぶのが販売志向である。それに対してマーケティング志向は、起点が「潜在顧客は何を求め、何を欲しているか」という顧客ニーズの探索にある。

上記の12例は、(最初からマーケティング志向であったかどうかは不明であるが)それぞれの事業のターゲットとなる顧客のニーズを探索・発見・分析することによって、現在だけでなく将来も売れ続ける仕組みをつくる、分析的・創造的なマインドを持ち続けたことが成功の要因である。例えば、群馬県みなかみ市で、リバーラフティングなどのウォーターアクティビティを提供する「キャニオンズ」は、マーケティング志向の組織である。以下は「やまとごころ．JP」[注6]に掲載された、同社社長のマイク・ハリス氏のインタビュー記事からの一部抜粋である。その中でハリス氏が述べたマーケティングの手順を、「マーケティングの重要性」「市場環境の分析」「ターゲット顧客の選定」「データ重視のマーケティング」「海外市場における自社製品のポジショニング」といった五つの視点から紹介しよう。

マーケティングの重要性

「どんなに良い商品をつくったとしても、来てもらわなければ意味がありません。そして、来てもらうためにはマーケティングが必要です。では、マーケティングとはなにか。簡単にいえば、お客さんのニーズとこちら側の資源をマッチングさせることで、このマッチングのプロセスがとても重要です」

市場環境の分析

「まず、それぞれの地方が持つ良さをきちんと分析・把握しないといけません。たとえば我々はラフティングというアクティビティを提供していますが、みなかみ町のラフティングと京都・保津川のラフティングと奥多摩のラフティングではグレードも違えば、見ることができる自然や景観も異なります。さらに、国外にもラフティングがたくさんあるので、そういうところとも比べて、自分たちの良さや立ち位置を知る必要があります」

ターゲット顧客の選定

「これまで日本の旅行関係者は、主に日本人を相手にしてきたので苦労しているところだと思いますが、外国人を狙うならば彼らが何を求めているのかを把握しないとダメ。たとえば、オーストラリアの20代、30代が何を望んでいるのか、台湾のファミリー層は何を求めているのか、韓国の大学生はどこに行きたいのか、といったことを把握する必要があります」

データ重視のマーケティング

「データは国内外のものを見ることができます。僕がキャニオンズを始めた当初は日本のデータがほとんどなくて、海外の観光局のものをよく使っていました。今でもよく使いますが、ニュージーランド、シンガポール、オーストラリアあたりには、参考になるデータがすごく多いです。たとえばオーストラリアならば、『(自分の) 国でスキーに行くときはどこが人気なのか』など。すると、オーストラリア人がスキーや施設に求める基準が見えてきます」

海外市場における自社製品のポジショニング

「インバウンドが旅をするときには、日本に行こうかスイスのインターラーケンに行こうかと、グローバルに渡航先を比べています。ですから、自分たちのライバルがどこにいるのかを把握したうえで、どうしたらそこに勝てるのかを考えていかないといけません。我々のようなアドベンチャーツーリズムならば、スイス、ニュージーランド、カナダあたりでしょうか。こういった国の人気の事業者については、トリップアドバイザーのクチコミやウェブサイトを定期的にチェックしています」

群馬県みなかみ町のラフティングは、世界的に見ても競争力があるプロダクト (製品) を、市場データをベースにし、ターゲットを定めてマーケティング活動を展開したことが成功に結び付いたが、最も重要なのは、マイク・ハリス氏が持つマーケティングマインドである。

マーケティングとは「哲学」と「工学」の組み合わせである。哲学とは、マーケティングの発想ができるマインド (物の考え方) のことで、工学とは、市場調査や戦略立案で用いられるプライス (価格)、プロダクト (商品)、プロモーション (販売)、プレイス (流通) といった四つのPなど、マーケティング実践におけるテクニック (技術や技法) のことを意味する。さらに、スポーツマーケティングに関しては、一般のマーケティングとは異なる、自由時間に自発的に、目的を持って行われる「レジャー」や「遊び」(プレイ)の要素が強い商材を扱う点が特徴的である。[注7]

これからのスポーツ地域マネジメントにおいて禁忌すべきことは、「マーケティング・マイオピア」と呼ばれる近視眼的な物の見方である。これは、前述の「販売志向」にみられる、顧客ニーズではなく組織ニーズを優先した視野の狭い短絡的な物の考え方である。大切なのは、多様なデータを基にした市場ニーズの把握と、事業によって生まれる可能性のある未来市場の探索である。

マーケティングが必要とされる公民連携の仕組み

「公民連携」(ＰＰＰ：Public Private Partnership)の仕組みは、国有化など過度の産業保護政策が引き起こした「英国病」から脱するために、１９７９年に誕生したサッチャー政権が行った、国営・公営企業の民営化事業から始まった。その後１９９０年に誕生したメージャー政権は、ＰＦＩ(Public Finance Initiative)を導入するが、これは民間資金導入による社会基盤整備を意味し、公有地に民間資金を導入して施設を建設する新しい公共経営の手法であった。これによって、行政は公金を支出せずに施設整備が可能となり、民間も、自分たちの得意分野である営利事業を、公有地を活用して展開することが可能となった。ＰＦＩの考えが出現した背景には、公共サービスの効率化や行政評価といった新しい公共経営のあり方を唱える「ニューパブリックマネジメント」(New Public Management)の浸透がある。[注8]

その後、1997年に始まるブレア政権においてPFIはさらに拡張し、より広い領域をカバーするPPPが導入される。日本においても、1999年には「PFI法」と呼ばれる「民間資金等の活用による公共施設等の整備等の促進に関する法律」が制定され、その後、PPPという呼称が広がったという経緯がある。英国におけるPFI導入で、最も効果があったのは、民間の持つ施設マネジメントのノウハウが公共施設に浸透し、自治体のマネジメント意識が飛躍的に向上したという点である。日本においても、PPPの浸透とともに、伝統的な「管理者主義」（マネジリアリズム）から革新的な「企業家主義」（アントレプレナリズム）への流れが公の世界にも広がってきている。

しかしながら、日本型PFIの問題は、公共が民間事業者にハコものの建設を委託するが、利用者から利用料を徴収しない「サービス購入型」の仕組みが全体の7割を占める点である。そこには、PPP/PFIの重要な要素の一つある民間の運営ノウハウが活用されず、公共の負担軽減にもつながらないという問題が内在している。[注9] ただし、コラム1・1に示したように、公共サービスの提供主体が、マーケットの中で競争していく仕組みを取り入れた事例も存在する。すなわち、公と民が連携することによって、利用者に高品質な公共サービスを提供し、増加した収入によって自治体の負担を半減するというシンプルなロジックである。

スポーツによる地域活性化を担う事業体の必要性

総合型地域スポーツクラブは、地域で多様なスポーツに参加できる機会と、全国的なネットワークの生成、そしてクラブマネジャーの育成など、クラブを〈機能体〉に昇華させる上で大きな役割を果たしたが、一方で、既存の単一型クラブや学校運動部、そしてスポーツ少年団などに対し、総合型という枠を無理にはめたことで、新たなコンフリクトや軋轢を生じさせたのも事実である。

そこで筆者は、今後新しい地域スポーツ振興の司令塔は、法人格を有する「事業経営体」へと移行すべきであると考える。この事業体は、地域コミュニティのハブとなる組織で、コミュニティのニーズを把握し、地域スポーツクラブの支援を行い、スポーツ参加者の数を増やすことを目的とする。図表1・1に示したハイブリッド事業体が、一つの可能性を示唆してくれるが、方程式は一つではなく、地域の実情に応じた多くのオプションが存在する。

一つの試案は、地域のスポーツ施設の管理運営を行っている「指定管理者」にその役割を委ねる方法である。しかしながら、第5章で詳述するように、指定管理制度では、期間が3年から5年と短く、単なる管理代行者としての側面が強いため、民間の自由な発想に基づいて、リスクを取った事業展開をすることは極めて困難である。今後は、コラム1・1で概説したように、インセンティブを導入した公募型プロポーザルに基づく官民パートナーシップ方式が構築できれば可能性は広がる。

もう一つは、近年各地で設置が進む「地域スポーツコミッション」に対する期待である。現在は、スポーツイベントや合宿の招致といったアウター政策に注目が集まっているが、今後は、インナー政策への関与が深まることが望まれる。理想とされるのが、図表1・1で概観したハイブリッド型の地域スポーツコミッションである。以下では、ハイブリッド型に移行しつつある「さいたまスポーツコミッション」の事例を紹介するとともに、現在の地域スポーツコミッションの動きをまとめてみたい。

4 自立した地域スポーツ事業の出現

さいたま市の革新的な試み

従来の地域スポーツ振興は、税金で施設を建設し、指導者を育て、補助金でスポーツクラブを運営してきた。人口が増加基調にあり、産業が栄え、経済成長が続いた時代はそれが当たり前であったが、今後、人口減と高齢化に伴う税収の落ち込みと、それに伴う公共サービスの縮小という問題が顕在化する中、公金に頼る地域スポーツサービスを提供し続けることは困難である。そこでさいたま市は、スポーツコミッションを一般社団法人化し、理事長に横浜DeNAベイスターズ元社長の池田純氏を据えた。この決断は、清水勇人《はやと》さいたま市長が下したもので、トップのリーダーシップがこの革新的な動きの原動力となった[注10]。

さいたまスポーツコミッション（以下SSCとする）は、2011年10月に、日本で初めて誕生したスポーツコミッションであり、スポーツイベントの誘致と開催支援を通じて観光や交流人口の拡大を図り、スポーツの振興と地域経済を活性化することを目的として設立された。事業報告書によれば、設立時から2015年3月までの4年半に116件のイベント誘致と支援を行い、約234億円の経済効果を生み出すなど、積極的な事業展開は全国から注目を集めた。もともと浦和レッズや大宮アルディージャ、そして埼玉スタジアムやさいたまスーパーアリーナといった、スポーツに関するソフトとハードに恵まれた自治体であったが、SSCによってスポーツと観光の有機的な連携が図られ、スポーツイベントに参加する域外ビジターの数が急増したのである。SSCの成功以来、スポーツコミッションをつくる機運は全国に広がった。

その後SSCは、2018年12月に一般社団法人化することで、指定管理業務の受託を通じて、インナー政策による地域スポーツの活性化に力を入れる体制を整えた。新法人は「公益の側面」（地域スポーツの振興）と「収益の側面」（地域経済の活性化）を持ち、日本一のスポーツ先進都市をつくるというビジョンを描いている。図表1・2に示したのが事業展開の概要であり、「スポーツイベント等の誘致支援事業」「スポーツイベント開催事業」「スポーツ施設管理運営事業」「スポーツビジネス創出事業」の4事業がある。収益目的事業で得た利益を公益目的事業に還元し、好循環を生むことで市の負担を減らすことを目的とする。[注11]

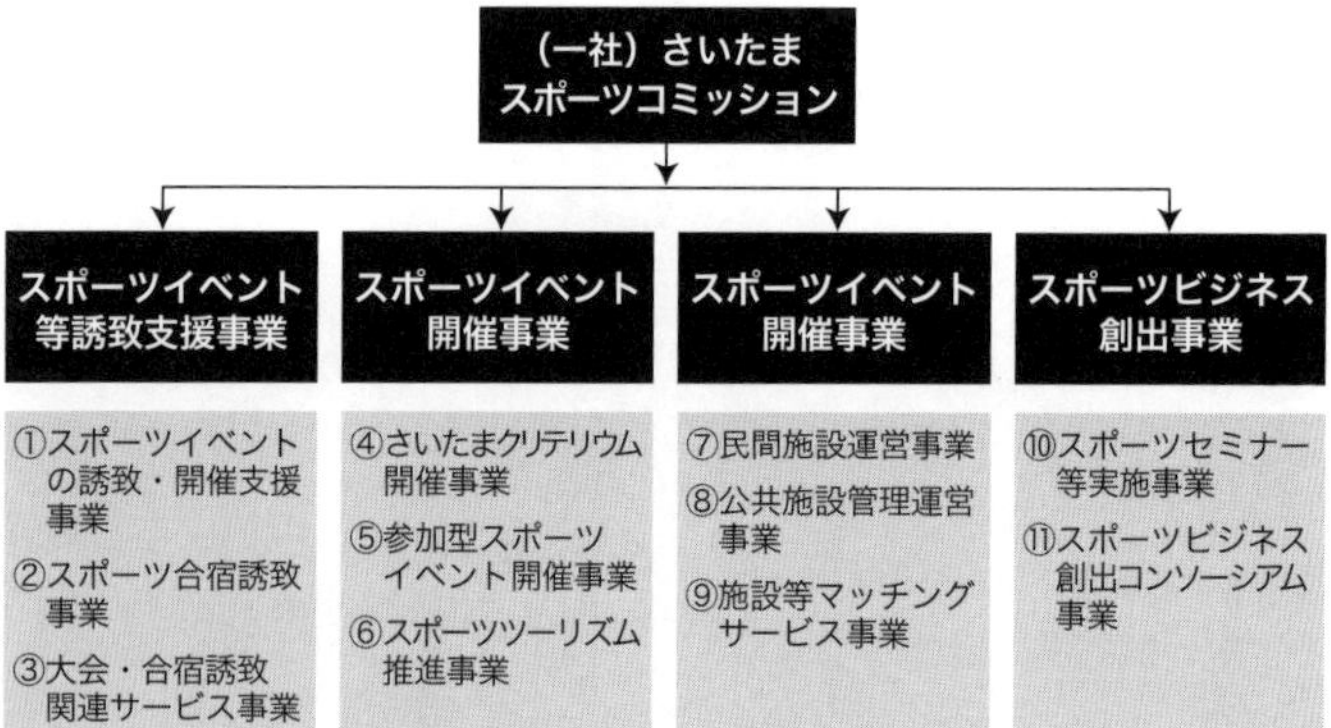

図表1・2　（一社）さいたまスポーツコミッションの事業展開

拡大する地域スポーツコミッション設立の動き

近年、多くの自治体において、地域のスポーツ観光資源を発掘し、スポーツツーリズムによって地域を活性化しようとする機運が高まっている。その背景には、2020年東京五輪開催の決定によるホストタウン登録の増加や合宿誘致に対する関心の増大、そして急増した訪日外国人を、スポーツによって地域に誘導しようとするインバウンド戦略の策定などがある。さらに、ポスト2020に向けた、スポーツによる新しい地域活性化戦略として、2016年3月に策定された「第二期スポーツ基本計画（2017~2022）」には、2022年までに地域スポーツコミッションの数を170に増やすという数値目標が設定されたが、これも自治体の動きを後押しする原動力となった。

次に地域スポーツコミッションの現状を見てみよう。スポーツ庁の調べでは、2019年10月時点で118団体という数字があるが[注12]、以下では、広域のスポーツコミッションとして低予算で活発な動きを展開する盛岡広域スポーツコミッションの事例と、新しく設立された福岡県と広島県の事例、そして将来、組織の法人化を目指す金沢市の事例を紹介しよう。

低予算で活動を展開する盛岡広域スポーツコミッション

盛岡市と七つの周辺自治体（八幡平、滝沢市、雫石市、葛巻町、岩手町、紫波町、矢巾町）が負担金を出し合って運営する組織であり、「希望郷いわて国体・希望郷いわて大会」（2016年）のレガシーを継続する形で策定された「第一次盛岡広域スポーツツーリズム推進計画」の実現に向けて、（1）スポーツによる交流人口の拡大、(2) 地域スポーツの推進、(3) 東京オリ・パラなどメガスポーツイベントへの取り組みを行っている。ユニークな試みとして、「盛岡広域スポーツコミック」(通称「ぱるスポ」) というコミック調の冊子を発行しており、その中でホストタウン (ルワンダの選手団を受け入れる八幡平市) や、矢巾町のラジオ体操会、そしてイベントとして「あづまねマウンテントレイル」(紫波町と雫石町の東根山が会場) の内容が漫画で紹介されている。また盛岡市地域おこし協力隊のスポーツ担当者による、地元プロスポーツ (いわてグルージャ盛岡) の観戦体験もあり、広域ならではの多様なテーマが網羅されている。さらに、「スポーツパル (仲間)」というスポーツ情報のウェブサイトも運営しており、会員に登録すれば、ポイントを貯めてグッズと交換することが可能だったり、交流イベントへの案内が届いたりといった特典も用意されている。

アドバイザリーボードを充実させた広島版スポーツコミッション

２０２０年４月に設立された、広島版スポーツコミッションである「スポーツアクティベーションひろしま」の場合、今後担うべき機能として (1) 戦略立案・事業実施支援、(2) スポーツ情報等の一元管理・戦略的情報発信、(3) スポーツネットワークの構築 (アドバイザリーボードによる支援体制の確立) の三つを掲げている。特徴的なのは、(1) の戦略立案・事業実施支援であり、市町と一体となったロードマップの作製等の支援や個別の事業に関する協働の取り組みに対し、人的支援と財政支援を行うというコンサルティングを軸とした支援内容である。

自主事業にKPIを設定した福岡県スポーツコミッション

福岡県は、2020年度にスポーツ関連施策を中心的に担う組織として「スポーツ局」を知事部局に新設し、同年4月に施行された「スポーツ推進条例」に基づき、総額50億円のスポーツ振興基金を造成するとともに、福岡県スポーツコミッションを設立した。スポーツコミッションは、持続可能で調和のとれた県内地域の発展というビジョンと、県内のスポーツ資源をフル活用し、アウター施策を戦略的に展開することにより地域への経済効果を最大化するというミッションを掲げ、これらを分かりやすく発信するために「Hello SPORTS, Hello FUKUOKA」というメッセージを設定した。事業は「アウター事業」(スポーツツーリズム推進事業、スポーツ大会誘致事業、スポーツ合宿誘致事業、スポーツMICE誘致事業)「プラットフォーム事業」(調査・分析、宣伝・広報、コミッション)、「市町村・団体支援事業」(連絡会議、セミナー開催、助成)の三つであり、それぞれにKPIが設定されている。

地域ブランド強化を目指す金沢文化スポーツコミッション

2018年7月1日に「金沢文化スポーツコミッション」が設立されたが、この新しい組織が担うミッションは明確である。すなわち、「金沢の土壌の深い文化とスポーツをツールに、地域コミュニティ・地域経済を活性化し、文化とスポーツを振興し、金沢ブランドを醸成・発信する」[注13]とあるように、スポーツ×文化という新結合を、金沢ブランドの強化に結びつけようとしている。図表1・3に示したのは、同コミッションの基本コンセプトであり、スポーツ、文化、観光のコラボレーションによって、地域活性化と経済の波及効果を担うことが目的とされる。その中核になるのが、スポーツ×文化を強調した新しいイベントの企画や、誘致したスポーツイベントへの文化的な付加価値の提供である。

地域スポーツコミッションはこれまで、スポーツツーリズムの司令塔として、スポーツ合宿や大会の誘致など、地域の交流人口を増大させることを目的として設置され、アウター政策において一定の成果を挙げてきた。しかし今後は、図表1・1（53頁）に示したように、地域資産形成型のインナー政策によって、スポーツによる地域活性化を実践できる守備範囲の広い事業体へと成長することが望まれる。

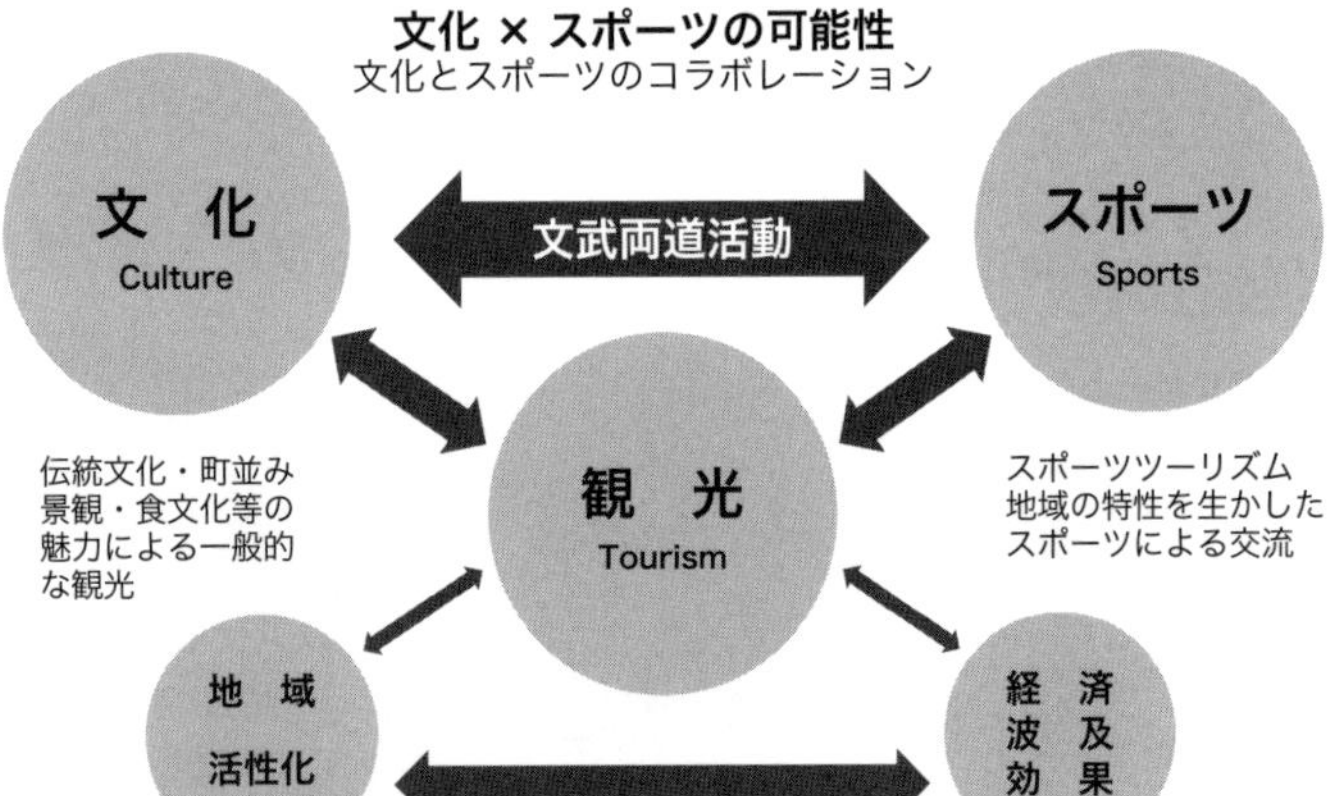

図表1･3　金沢文化スポーツコミッションの基本コンセプト
（出典：金沢文化スポーツコミッション報告資料 2018）

コラム1・2 地域スポーツコミッションの類型化

笹川スポーツ財団は、「新たな地域スポーツプラットフォーム形成に向けた実践研究[注14]」の中で、すでに設立された地域スポーツコミッションを、活動の主体を「行政主体」か「民間主体」か、活動の範囲を「広域」か「地域」かに分類して、四つの形態に整理した（図表1・4）。同財団によれば、Aの「広域・行政型」とB「広域・民間型」は、ともにイベント誘致や開催支援を活動の中心としつつ、セミナー・研修や地域産業の活性化に関する事業を実施している。Cの「地域・行政型」は、地域の資源である自然環境やスポーツ施設などを活用した、誘致・開催支援の事業が中心である。Dの「地域・民間型」は、社団法人化された組織が多く、インナー政策を取り込んだ独自の発展が期待される。

地域スポーツ振興の司令塔に関する議論は始まったばかりであるが、人口減少時代に対応して、既存組織の統廃合を含む思い切った政策展開が必要である。細田・瀬田[注15]は、2017年に36の地域スポーツコミッションを対象にアンケート調査を実施し、地域スポーツコミッションは一律ではなく、各地域の異なる課題に応じて、大会誘致・開催、合宿誘致、健康づくりといった異なる目的を持って活動しており、主体の構成も多様であることを明らかにした。例えば（一社）さいたまスポーツコミッションは、集客のために新聞社やテレビ局を、十日町スポーツコミッションは、地域の食と文化のPRのために飲食店組合を、そして宇部市スポーツコミッションは市民の健康づくりのために民間スポーツクラブを構成員としている。論文の結論として、「地域の課題に応じ特化した目的、専門分野を持つ多様な主体の参加、円滑な事業実施のための仕組みといった要素が具備されると、その活動は事前に期待される地域経済の活性化や地域ブランドの確立といった、地域活性化に資する成果を生む可能性が高いことが明らかになった」と述べた。

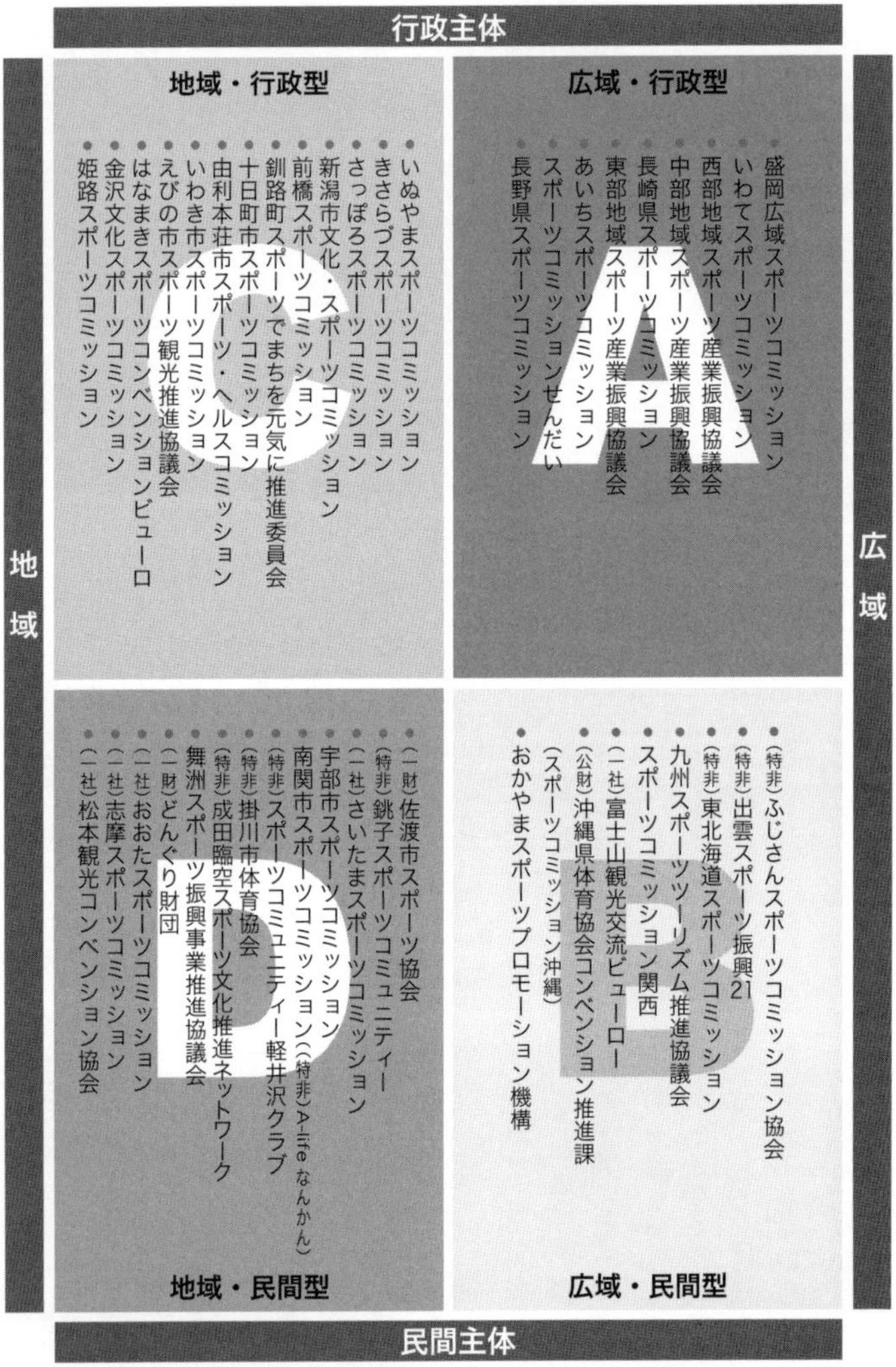

行政主体
地域・行政型
C
・いぬやまスポーツコミッション
・きさらづスポーツコミッション
・さっぽろスポーツコミッション
・新潟市文化・スポーツコミッション
・前橋スポーツコミッション
・釧路町スポーツでまちを元気に推進委員会
・十日町市スポーツコミッション
・由利本荘市スポーツ・ヘルスコミッション
・いわき市スポーツコミッション
・えびの市スポーツ観光推進協議会
・はなまきスポーツコンベンションビューロ
・金沢文化スポーツコミッション
・姫路スポーツコミッション
広域・行政型
A
・盛岡広域スポーツコミッション
・いわてスポーツコミッション
・西部地域スポーツ産業振興協議会
・中部地域スポーツ産業振興協議会
・長崎県スポーツコミッション
・東部地域スポーツ産業振興協議会
・あいちスポーツコミッション
・スポーツコミッションせんだい
・長野県スポーツコミッション
地域
広域
D
・(一財)佐渡市スポーツ協会
・(特非)銚子スポーツコミュニティー
・(一社)さいたまスポーツコミッション
・宇部市スポーツコミッション
・南関市スポーツコミッション((特非)A-life なんかん)
・(特非)スポーツコミュニティー軽井沢クラブ
・(特非)掛川市体育協会
・(特非)成田臨空スポーツ文化推進ネットワーク
・舞洲スポーツ振興事業推進協議会
・(一財)どんぐり財団
・(一社)おおたスポーツコミッション
・(一社)志摩スポーツコミッション
・(一社)松本観光コンベンション協会
地域・民間型
B
・(特非)ふじさんスポーツコミッション協会
・(特非)出雲スポーツ振興21
・(特非)東北海道スポーツコミッション
・九州スポーツツーリズム推進協議会
・スポーツコミッション関西
・(一社)富士山観光交流ビューロー
・(公財)沖縄県体育協会コンベンション推進課
(スポーツコミッション沖縄)
・おかやまスポーツプロモーション機構
広域・民間型
民間主体

図表1･4　地域スポーツコミッションの4形態（出典：笹川スポーツ財団ウェブページ[注14]）

注

注1：スポーツシューレは、「総合スポーツトレーニング研修センター」と呼ぶことのできる滞在型の複合機能施設であり、ドイツ国内に約20の施設がある。日本における陸上競技場を中心とした総合運動公園のイメージに近いが、日本にはスポーツシューレのような合宿施設、食堂（レストラン）、そしてバーを併設したクラブハウスなど、収入を生み出す付帯施設はない。施設の運営は、利用者への施設貸し出しがメインであり、運営も自治体の直営か、指定管理業者まかせになっている。

注2：スポーツ庁「平成30年度　総合型地域スポーツクラブに関する実態調査結果」２０１９年3月

注3：中野元「ドイツにおけるノルトライン・ヴェストファーレン州の総合型地域スポーツの活動と展開」海外事情研究、39(1)：１２９～１５３頁、２０１１年

注4：〈http://www.visp.in.arena.ne.jp/guidance/index.html〉

注5：事例の選定にあたっては、スポーツ地域マネジメントの成熟度や、事業成果が地域にもたらすインパクトといった点を考慮した。さらに事例集の作成にあたっては、〈国内のスポーツムーブメントが最大限に高まる２０２０年のオリンピック・パラリンピック開催期に、職業・進路を検討する時期を迎える若者層を中心に「スポーツによる地域活性化」の意識を醸成し、将来的に地域を支える人材の創出につなげることを目指す〉（スポーツ庁資料、２０１７年）という趣旨に賛同した「日本生命保険相互会社」と「スズキ株式会社」の2社が、協賛企業として製作費を負担した。協賛にあたっては、日本生命が東京２０２０オリ・パラのゴールドパートナー（生命保険）であり、スポーツによる人材育成という視点が、同社が掲げる「Play, Support.～さあ、支えることを始めよう。～」という企業スローガンに合致したこと、そして陸上競技を中心にスポーツ振興に取り組むスズキが、本企画を通じて主力製品である軽自動車や軽貨物車の主要マーケットである地方部を元気にしたいとの意図から賛同を決めた。これによって、官民連携のお手本にすべきウィンウィンの関係づくりが誕生した。本事例集は、スポーツ庁『まんが・スポーツで創る地域の未来』大日本印刷、２０１７年として製本され、全国の中学校、高等学校等の図書室に寄贈された。

注6：〈https://www.yamatogokoro.jp/inbound_case/29482/〉

注7：スポーツマーケティングの特徴に関しては、原田宗彦・藤本淳也・松岡宏高『スポーツマーケティング改訂版』大修館書店、２０１８年が参考になる。

注8：ニューパブリックマネジメントとは、競争原理を活用した「市場志向」、住民を行政の顧客と考え、顧客の満足度の向上を図る「顧客志向」、業績に基づく管理を重視する「成果志向」、そして企画部門と執行部門を分離し、執行部門への実効性の権限を委譲する「分権化志向」といった特徴を備えている。

注9：日経ＢＰ総研の「新・公民連携最前線」において、福島隆則氏（三井住友トラスト基礎研究所投資調査第1部上席主任研究員）が、「第2回海外との比較で見えるＰＰＰ／ＰＦＩの目指すべき形（前

編）」〈https://project.nikkeibp.co.jp/atclppp/PPP/051300040/062200005/?P=4〉の中で、ＰＦＩのタイプを三つに類型化し、従来型のハコモノＰＦＩの問題点を指摘している。

注10：さいたま市の清水勇人市長は、「スポーツで日本一笑顔あふれるまち：さいたま市未来創造図②」（埼玉新聞社、２０１５年）の中で筆者と対談を行ったが、その時にすでに、行政が行う単年度単位の予算措置では、誘致した国際イベント（例えば「さいたまクリテリウムｂｙツールドフランス」）の複数年契約を実行することが難しいと述べ、そのような制約を緩和してくれる行政から独立した組織の必要性に言及した。

注11：さいたま市は、従来のスポーツイベントの誘致支援事業と開催事業を中核事業としつつ、スポーツ施設の管理運営事業とスポーツビジネスの創出事業に力を入れる「スポーツ都市戦略」を描いている。具体的には、さいたま市内に集積するスポーツ施設群を中心に、宿泊、飲食、研修施設等のネットワーク化によって、スポーツを「する場」と「学ぶ場」を確保するとともに、企業、大学、団体等が持つ最新の知見や技術を活用した実証研究など、新たなスポーツ産業の成長の場とするという計画である。さいたま市は、このようなネットワークを「さいたまスポーツシューレ」と呼び、スポーツを活用したコミュニティ形成を狙っている（「スポーツのまち・さいたま市が挑むスポーツ都市戦略とは?」週刊東洋経済、２０１９年2月9日掲載〈https://www.city.saitama.jp/005/002/004/p048178_d/fil/toyokeizai2019.pdf〉を参照）。

注12：スポーツ庁は、以下の4要件を満たす組織をスポーツコミッションと認めている：【要件1】常設の組織であり、年間を通じて活動を行っている（時限の組織を除く）。【要件2】スポーツツーリズムの推進、イベントの開催、大会や合宿・キャンプの誘致など、スポーツと地域資源を掛け合わせたまちづくり・地域活性化を主要な活動の一つとしている。【要件3】地方自治体、スポーツ団体、民間企業（観光産業、スポーツ産業）等が一体となり組織を形成、または、協働して活動を行っている。【要件4】特定の大会・イベントの開催及びその付帯事業に特化せず、スポーツによる地域活性化に向けた幅広い活動を行っている。

注13：金沢文化スポーツコミッションウェブサイト〈http://www.kanazawa-csc-kk.jp/about/〉より引用。

注14：〈http://www.ssf.or.jp/report/category2/tabid/1818/Default.aspx〉

注15：細田隆・瀬田史彦（２０１８）「地域スポーツコミッションによる地域活性化のあり方に関する研究」都市計画論文集、５３（３）：４３９〜４４４頁

第2章 プロスポーツが地域で担う新たな役割

1　求められる現代的ミッション

企業とスポーツの関係性はどう変わってきたか

１９９３年にＪリーグが誕生するまで、日本におけるプロスポーツは、企業が所有する広告宣伝塔としてのプロ野球か、社員の福利厚生の延長線上に位置する実業団スポーツ、あるいはプロレスやプロボクシングのような民間団体が行う興行[注1]がある程度で、現在のようにスポーツビジネスとして産業化されているわけではなかった。Ｊリーグが主導したクラブの法人化と地域密着化によるプロ化は、従来の「企業スポーツ」からの分離を加速化し、サッカーやバスケットボール、そして野球の独立リーグなどに波及していった。

その一方、企業の協力なくしてプロスポーツ（あるいはトップスポーツ）の存在はなく、両者の関係は不即不離であるが、両者の関係は時代とともに変化していく。以下は、企業がスポーツを所有する時代から、社会貢献活動という新しい役割を模索する時代、そしてパートナーとしてスポーツを支援する時代へと変化する様をまとめた拙文[注2]である。少し長くなるが引用してみたい。

近年、これまで日本のトップスポーツの屋台骨を支えてきた企業スポーツが揺らぎ始めた。企業スポーツは日本式経営から生まれた独自の仕組みであり、会社は、選手を社員として雇用し、所有するスポーツチームで活躍させ、それを福利厚生や宣伝広告媒体として活用してきた。この仕組みは、60年代から70年代の高度経済成長の波に乗って全国の企業に波及し、バレーボールやサッカーに代表される実業団リーグや社会人野球は盛況を極め、強いチームを所有することが一流企業の証しとされた。

企業スポーツは、社員の福利厚生という側面から見れば、特に日本の専売特許という訳ではなく、ドイツ、フランス、アメリカにおいて、長い間企業福祉の一環として社員の忠誠心を高めながら良好な労使関係を築き、労働運動を抑制するために利用されてきた。しかしながら、企業がトップ選手やトップチームを所有し、社員の帰属意識を高め、企業の広告塔として活用するのは、ともに儒教文化経営の影響を受ける韓国を除けば日本でしか見られない現象である。それゆえ景気が上向きで、企業経営にもゆとりがある時は企業スポーツも活性化し、経営者も多少の無駄に目をつぶることができた。しかし景気が後退し、経営のスリム化が叫ばれるようになると、皮肉にも、会社が大胆にスリム化に取り組んでいることを誇示する対象として、世間的な耳目を集めやすいスポーツチームが真っ先にコスト削減の対象とされた。もともと日本型経営のパラダイムの中にしか存在しない企業スポーツであるから、親企業がコーポレートガバナンスの国際標準化に向けて動き出す中で、株主利益に関与しない企業スポーツの正当性を訴えることは困難であった。その結果、90年代初めから現在（２００6年：筆者注）に至るまで、経済環境が悪化する中で起きた経営のスリム化の大合唱の中で、３００以上の企業チームが廃部もしくは休部に追い込まれたのである。まさに企業ス

ポーツの終焉を間近に感じる勢いであった。（中略）
企業を取り巻く経営環境が大きく変化する中で、企業スポーツは、生き残りを賭けて大きく舵を切ろうとしている。その方向性としては、（1）所有から支援への移行、（2）新しい所有の意味の模索、そして（3）ビジネスパートナーとしての関与という三つがある。第一の所有から支援への移行という流れは、企業が所有したスポーツチームを切り離し、自治体や住民からサポートを獲得することによって地域密着型のクラブ事業へと姿を変えようとする流れである。（中略）これによってチームは、企業が所有するスポーツチームではなく、チームを取り巻くステークホルダー（スポンサー企業、自治体、ファン等）に価値を還元するクラブ事業へと変身した。これはサッカーの日本リーグがJリーグとしてプロ化されたために、企業が自社チームを思い切ってプロチームへと変身させ、主要株主もしくは主要スポンサーとしてクラブ経営に関わるようになったケースと似ている。しかしこの動きは、ホーム&アウェイによる地域密着化と、一定量のチケット販売による収入確保が可能となるリーグのプロ化が大前提で、企業所有の体育館を使い、地方協会が興行権を買ってチケットを売り、チームには何も残らないといった現在のリーグ運営のままでは、所有から支援という流れは生まれにくいのが実情である。
第二は、企業スポーツをCSR活動の一環として活用し、所有に新しい意義を見出そうとする新しい方向性である。企業がスポーツの所有を見限る中、コカ・コーラウェストジャパン株式会社のように、2004年から女子ホッケーを新たにカンパニースポーツクラブに格上げして日本リーグに参戦するなど、企業スポーツを社会貢献活動として経営理念の中に明確に位置づける動きもある。同様に企業内にCSR推進部を設置して、女子バスケットボール部を管轄する総務広報部の業務と連動し、CSR事業の一環として、選手やOBが全国でクリニックを展開する株式会社ジャパンエナジー（現JX－ENEOS）のような企業もある。ただの金食い虫ではなく、企業が行なう地域・社会貢献を世に知らしめる、効果的な情報発信媒体としての新しい企業スポーツ像が生まれつつある。

第三のビジネスパートナーとしての関与は、事業体としてのスポーツチームが企業とパートナーシップを確立する仕組みである。複数株主によって支えられるJリーグクラブのように、事業体としてのクラブが、多様なスポンサーからの収入、チケット収入、リーグからの分配金収入（放送権料を含む）によって、地域に密着したコミュニティビジネスを営むやり方である。Jクラブの中には、特定企業の出資比率が高く、1社所有の企業スポーツ的色合いの濃いクラブもあるが、その精神は、Jリーグが抱える百年構想というミッションに代表されるように、公益性の高い社会貢献事業の性格を有しているのが特徴である。

この拙文が日本経済新聞に掲載されてから10年以上が経過したが、現在もこれら三つの形態は混在している。バレーボール、ラグビー、ハンドボールのように、企業スポーツの形態が色濃く残るリーグがある反面、第三のビジネスパートナーとして、多くの企業が、チームやクラブ、そして複数のプロリーグに、スポンサーとして関わっている。野球やサッカーに続いて、男子バスケットボール（Bリーグ）や卓球（Tリーグ）がプロリーグを設立したが、傘下にあるプロチームやクラブは、「地域との関係性の強化」がチームやクラブに安定した経営をもたらすという共通の認識を持っている。

JリーグとBリーグでは、全チームに地域名が冠されているが、Tリーグの場合は、少し幅を持たせており、「地域名＋愛称」だけでなく「地域名＋企業名」を容認している。実際、男子4チームは、チーム名に「彩たま」「東京」「岡山」「琉球」が入っているが、女子は、4チームの内2チームのみに「神奈川」と「名古屋」が入っており、残りは企業名＋愛称である。

その一方、近年では、スポーツと企業がパートナーとして協力するだけでなく、お互いの事業が社会的価値を創出するという第四の方向性が見え始めている。これが、ＣＳＲ（社会貢献）からＣＳＶ（価値共創）経営へという流れであり、ＳＤＧｓ（持続可能な開発目標）との連動による新たな価値創造である。この流れは、令和のスポーツ文化の醸成において鍵となるテーマである。

スポーツの価値創造：ＣＳＲ（企業の社会貢献）とＣＳＶ（共有価値の創造）

「企業の社会的責任」（Corporate Social Responsibility：以下ＣＳＲ）とは、企業が持つ体力の許す範囲で、社会にとってプラスになる貢献を社業以外で行うことを意味する。[注3] よって、図表２・１に示すように、ＣＳＲは「ソーシャルセクター」への貢献を目指す、「ビジネスセクター」の付属物のような存在である。すなわち、ＣＳＲの価値は「善行」であり、企業の利益最大化とは別物となる。また事業は、任意か外圧によって決まるため、外発的であり、企業の業績やCSR予算の制限を受けることがある。

具体的には、寄付やフィランソロフィー、そして社員の社会奉仕などの活動がCSRにあたるが、これらは企業が行う事業との相関が低い。例えば、エネルギー会社が行う女子バスケットボールチームの運営といった企業スポーツが一つの例である。よって、企業の業績が下がると、社業と直接関係がないスポーツでは、廃部や休部という選択肢が現実のものとなる。

その一方で、ヤマハ発動機株式会社のように、企業スポーツを「ブランドの体現」と明確に位置付ける会社も存在する。[注4] 2019年のラグビーワールドカップ大会の直前にTBSで放映された、大泉洋主演の「ノーサイドゲーム」（原作：池井戸潤）は、経済的価値と社会的価値を生まない企業ラグビー部の奇跡の再生を描いたドラマである。成績と観客動員数が低迷し、会社のお荷物となっているチームを、地域貢献活動による地元ファンの増大と、優勝争いによるチケット収入の増加によって社業に不可欠な事業リソースとして認知させるストーリーは、企業スポーツとCSRの関係を知る上で興味深い寓話である。

その一方で、「共有価値の創造」（CSV：Creating Shared Value）とは、図表2・1の右側に示すように、「ビジネスセクター」と「ソーシャルセクター」の両方に価値を生み出す企業活動で、社会のニーズや課題解決に取り組むことで社会的価値を創造し、その結果として経済的価値が創造されるアプローチを意味する。CSRとCSVが異なるのは、前者が善行として、あるいは任意、もしくは外圧によって行われ、会社の利益の最大化とは別物であるのに対し、後者は、会社の利益の最大化に貢献し、企業と地域社会が共同で価値を創出する点にある。

企業スポーツの場合、本章の冒頭において、企業がスポーツを所有する時代から社会貢献活動という新しい役割を模索する時代、そしてパートナーとしてスポーツを支援する時代へと変化した流れを指摘したが、現在求められているのは、企業が経済的価値とともに社会的価値を生み出すために、スポーツを社業の一部に取り込み、どのように戦略的に活用するかという第四の方向性である。

プロスポーツとCSV経営

プロスポーツの場合は、一般の企業と異なり、チームやクラブそのものが「スポーツ企業」であるため、解釈がやや複雑になる。すなわち、プロスポーツの場合、「経済的便益」を獲得するためのチケットの販売、スポンサーの獲得、そして優勝を目指したリーグ戦の戦いが「社業」となるため、社業以外の「社会的便益」を追求

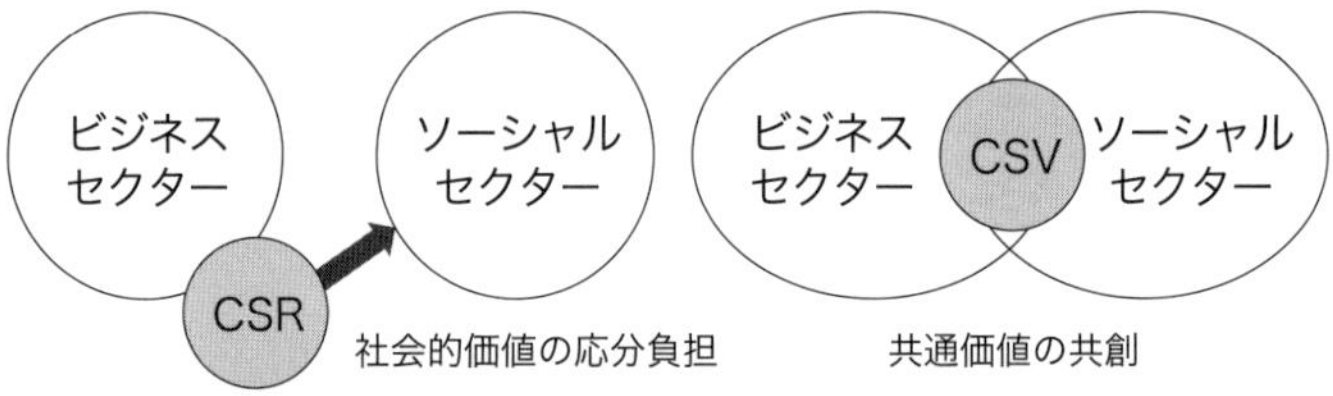

• CSR の価値は「善行」であり、企業の利益最大化とは別物 • 事業は任意か外圧によって決まるため外発的で、企業の業績や CSR 予算の制限を受けることがある • 企業は社会課題に起因するコストについてソーシャルセクターと応分負担とし、その行為を社会にアピールすることで企業価値を保護する意識を高める	• CSV の価値は経済的便益と社会的便益 • 企業と地域社会が共同で価値を創出 • 企業の競争と利益の最大化に不可欠である • 深刻化する社会課題をビジネスチャンスと捉え、ソーシャルセクターと協働して新たな価値を共創することが求められている • 公益性の高い地域密着型プロスポーツは CSV 経営そのものである

図表 2-1　CSRとCSVの対比

するには、地域社会と共同で価値を生み出すＣＳＶ経営の考え方が必要となる。

実際Ｊリーグは、地域貢献活動に重きを置いており、「特定の市町村をホームタウンとして定めるとともに、自治体および都道府県サッカー協会から全面的な支援を獲得し、地域社会と一体となったクラブづくり（社会貢献活動を含む）を行い、サッカーをはじめとするスポーツの普及および振興に努めなければならない」（第21条から抜粋）と規約に定めている。さらに日本サッカー協会選手契約書（プロ契約書）においても、第２条「履行義務」の（６）に「クラブの指定する広報活動、ファンサービス活動および社会貢献活動への参加」が義務づけられている。

クラブの地域貢献活動で有名な川崎フロンターレは、1年に5～6回ほど、選手全員が地域の各種イベントに参加するほか、３～４人程度のグループで参加する地域行事を年20回程度実施するなど、試合がない日も、ユニフォームを着た選手と地域住民が触れ合う、リアルな「タッチポイント」（顧客接点）の場を提供している。これによって、サッカーにあまり馴染みのない人々とクラブの関係を強めるとともに、サッカークラブが行う「向社会的行動」（ルールの順守、安全な試合環境への協力、地元地域の活性化支援、環境配慮行動など）の地域への浸透を図るという狙いがある。これらは、すべてが社会的な価値を生む行為であり、Ｊリーグの創設当時から受け継がれた、「地域密着」や「１００年構想」というスローガンの中に息づくＤＮＡである。

スポーツを社業とするプロスポーツは、最初からＣＳＶ経営の枠組みの中で事業を行うことが義務づけられており、競争（試合）に勝ち、利益を獲得し、そこで得た利益を、ソーシャルセクターに還元する仕組みが内包されたビジネスと言える。藤井剛[注5]は、「ＣＳＲでは社会の一員として企業が〈善い行い〉をすることがゴールであったが、ＣＳＶでは社会的価値と同時に経済的価値を創造することが必須」であると指摘している。よってプロスポーツにおいては、試合に勝利し、チケットを売り、協賛企業を集める「経済的便益」を追求する仕事と、地域貢献活動によって「社会的便益」を創造する地域貢献活動が一体化した「ＣＳＶ経営」が、事業の本質であるという認識を持たなければならない。

実際、ビジネスと社会貢献が同時に達成できるプロスポーツ事業に、夢とロマンを感じる人は多い。その根底にあるのが、プロスポーツ事業そのものが、世の中に良いことをしているという「良い会社」のイメージである。これが働く人のモチベーションを支えている。

日本サッカー協会（ＪＦＡ）とトヨタが展開する「ＪＦＡキッズプロジェクト」は、スポーツと企業がタッグを組んで実践する、スポーツを活用したＣＳＶ経営の事例である。これは「ＪＹＤ」(JFA Youth & Development Program) と呼ばれるプログラムで、トヨタが持つ5千以上の店舗と47都道府県サッカー協会が協力して、全国各地の保育園や幼稚園を巡回指導するプロジェクトで、２００３年から行われている。

ユニークなのは、キッズリーダーと呼ばれるＪＦＡの養成講習会を受けたトヨタの社員が、ＪＦＡのサポートを受けて巡回指導を行う点で、スポンサーアクティベーションとしては秀逸なアイデアである。全国に販売店を持ち、地域との密接な関係を重視するトヨタが、未来の顧客を育てるという「社業」の文脈の中で行うサッカーの巡回指導は、新しいコミュニケーションチャネルとして、地域とのエンゲージメントを強化する有効な手段である。

2 地域を志向した日本型プロリーグ経営のビジネスモデル

地域密着型プロスポーツの経営的特質

Ｊリーグが行う地域密着型のクラブ経営は、経営規模は小さいものの、参入障壁の低い日本的なクラブビジネスとして定着した。起業家や資本家、そして強力なリーダーがいる地域コミュニティが資金と選手を集め、Ｊリーグ入りを目指してクラブを立ち上げるケースは全国で散見される。これはプロ野球のビジネスモデルと異なる底辺（地域リーグ）からトップ（Ｊリーグ）へと道が続く、「一気通貫」モデルである。プロ野球がセ・パ12球団による入れ替えのない閉鎖的なリーグだとすれば、Ｊリーグは極めて開放的であり、誰もがＪリーグ入りを夢見ることができる民主的な構造になっている。

日本のプロスポーツは、昭和の時代に築かれた企業スポーツを発展させる形で、平成の時代に地域密着型プロスポーツへと進化を遂げた。この過程については後で詳述するが、もともと企業スポーツ自体が日本にしか存在しないため、この進化の過程は日本独自のものであり、（現在も生存し勢力を拡大している点で）実にガラパゴス的である。この成功は地域密着という理念と、チーム・クラブの経営システムが、日本の文化風土とうまく溶け合った帰結と考えられる。

しかし地域密着型プロスポーツが置かれている事業環境は万全ではなく、スポーツのビジネス化の進展と、他のスポーツのプロ化が進むにつれて、スポンサー獲得やチケット販売、そして施設の確保などにおいて、競争環境は厳しさを増している。次にプロスポーツの理解を深めるために、プロスポーツがどのような業界かを「ファイブフォース理論」を使って読み解いてみよう。

プロスポーツのファイブフォース

マイケル・ポーター[注6]は、経営学のバイブルである『競争の戦略』の中で、業界内で企業が直面する競争要因を「五つの脅威」（ファイブフォース）に分類した。ファイブフォースとは、①業界内部の対抗度、②新規参入の脅威、③代替品の脅威、④売り手の交渉力、⑤買い手の交渉力の五つであるが、以下では、プロスポーツという固定化された業界に限定して考察してみたい。

まず「業界」についてであるが、一般には「互いに代替可能な製品をつくっている会社集団」と理解されるが、ポーターは、製品そのものではなく「価値」や「効用」に注目すべきであると指摘した。実際、プロスポーツのプロダクトは、目に見えない経験価値や、消費者があるサービスを消費することによって得られる主観的な満足や欲望の充足（効用）であり、競合相手は他のプロスポーツだけでなく、〈同類の価値や効用〉を与えてくれる他のエンターテイメントサービス業（例えば映画やテーマパーク）など多様である。それでは、プロスポーツのファイブフォースについて解説しよう。

第一のプロスポーツの「業界内部の対抗度」（業界内の競合他社）については、「プロリーグ」を一つの業界と考えれば、業界内に競合他社（他クラブ）は多く存在し、それが健全な競争を生む源泉となっている。しかしながら、同じ業界に存在するクラブの数は決められており、サッカーのJリーグや、男子バスケットボールのBリーグの場合、トップレイヤー（J1もしくはB1）のクラブ・チーム数はそれぞれ18であり、その数はリーグがコントロールしている。よって、リーグに所属するチームの数が勝手に増えることはない。通常のビジネスの場合、同業者が多く、成長スピードが遅く、差別化が困難で、生産能力の拡大が容易な業界ほど〈敵対関係〉が激しくなるといわれるが、プロリーグには、業界のレッドオーシャン化を防ぐ自動制御装置が機能している。

第二の「新規参入の脅威」については、商圏がホームタウン制度によって守られているために、業界に新たな参入クラブが出現する確率はそれほど高くない。ガンバ大阪（吹田市）とセレッソ大阪（大阪市）がすでに存在する大阪で、第三のJリーグクラブを狙う大阪FC（東大阪市）のような事例は全国で散見できるが、下部リーグからトップリーグへ移行するには、レイヤー（階層）を一段一段上がっていくための時間と、戦力を高めるための投資、そしてスポーツに特有の「運」が必要で、参入障壁は非常に高い。またプロ野球では、セ・パ合わせて12球団のリーグへの新規参入にも、建前上、オーナーの四分の三以上の賛同、球場の確保、高額な入会金が必要とされているが、12球団という総量規制が変わることはなく、既存球団の買収以外、新しく参入することはほぼ不可能である。

第三の「代替品の脅威」については、プロサッカークラブにおいて、高品質かつ低価格の優れた代替品（他のクラブ）が出現した場合、ファンを奪われる脅威は大きくなる。チケットが安い割に面白く、エキサイティングで強いクラブが出現すると、一気にシェアを奪われる可能性がある。また、プロスポーツのような「時間」と「経験」を売り物にするサービス商品の場合、他に有意義な「時間」や「経験」を提供する活動（例えば映画、テーマパーク、他のスポーツの観戦等）が出現した場合、その活動が代替品となる可能性がある。

第四のサプライヤー（供給業者）とは、プロスポーツの場合「選手」や「組合」のことを意味する。他の一般企業の社員と異なり、プロスポーツクラブやチームの人件費比率は高く、英国サッカーのプレミアリーグの場合、過去に収入の7割が人件費に使われるというケースもあった。選手は代わりが効かないスキルを要し、供給が不足している上に、組合に所属し、ストライキやリーグのロックアウトといった手段を持つなど、強い交渉力を持つ存在である。その一方、高額の報酬を得る選手には、怪我（インジャリー）やテクニカルファウルによる失格、退場、出場停止、そしてチームの成績不振による解雇といった予測不能な事態が生じることがあり、それらが安定経営の足枷《あしかせ》となっている。

第五のバイヤー（買い手）に関しては、ファン、企業パートナー、そして放送パートナーの三つがある。アメリカのＮＦＬ（ナショナルフットボールリーグ）や英国のＥＰＬ（イングランドプレミアリーグ）のように、世界的に人気のあるリーグの場合、ファンは弱い立場にあり、団結して団体で（値下げを）交渉することもできず、したがってチケットの価格弾力性は低い。企業パートナーや放送パートナーも然りで、もしリーグが提示する価格に応じられない場合、すぐに競合他社がその権利を買い取るなど、リーグの交渉力は強力である。

その一方、日本のプロリーグのようにブランド力が弱く、チームやクラブも集客に苦労するような状態では、バイヤーの交渉力が強まる。いつも空席が目立つスタジアムやアリーナでは、チケットは売れ残り、強気の価格設定を施すことは難しい。よって企業パートナーの交渉力は強く、チームやクラブが設定した掲出看板や胸スポンサーの価格が交渉によって下げられることがある。[注7]

一般の企業と異なり、「感情」や「感動」といった特殊な商材を扱うのがプロスポーツビジネスである。しかし商材は異なっても、ファイブフォース理論から導かれる競争戦略は、プロスポーツという仕事の本質を見抜き、独自の戦略を構築するための重要な視点を提供してくれる。

スポーツとSDGsによる新しい価値創造

2015年9月に国連で開かれたサミットの中で、21世紀の世界が抱える課題を包括的に挙げたのが、「持続可能な開発目標」(Sustainable Development Goals：SDGs《エスディージーズ》)である。わが国でも、スポーツがどのようにSDGsの達成に貢献できるか、スポーツ庁を始め、様々な団体や組織が具体的なアクションに取り組み始めた。

例えば、2019ラグビーワールドカップ大会で実施された「パス・イット・バック」と呼ばれるチャイルド・ファンドがある。これは、大会のチケット抽選申し込み時に、750円、1千5百円、3千円から選んで寄付をするプログラムである。貧困な環境に暮らすアジアの子どもに対し、ラグビーを通じてリーダーシップ、問題解決、ジェンダー平等、紛争解決、将来の計画づくりといったライフスキルを学び、これらを身に付けた子どもや若者たちが、将来、社会にポジティブな変化をもたらし、地域社会に「パス・イット・バック（還元）」することを目的とする。これも「スポーツＳＤＧｓ」の一つである。

スポーツの先進地であるアメリカでは、スポーツと環境問題をリンクさせ、持続可能（サステナブル）な地域づくりとスポーツの価値向上を目指す組織が活動を展開している。それが、２０１０年にアメリカで設立された「グリーンスポーツアライアンス」（The Green Sports Alliance）である。健康的で持続的な地域社会をつくるために、この組織は、プロスポーツリーグ、大学スポーツのカンファレンス、競技団体、大学、チーム、スタジアム、アリーナ、そして無数のスポーツファンに対し、再生エネルギー、ヘルシーフード、効率の良い水資源の利用、リサイクル、安全な化学物質など、環境に関する知識とそれを配慮した行動を啓蒙している。会員も多く、14カ国の１９４チームと、チームが本拠地とする１９５のスタジアムやアリーナ、そして16のスポーツリーグが参画している。

プロスポーツチームが行う具体的な事例としては、例えば、ポートランド市を本拠地にする男子プロバスケットボール（ＮＢＡ）の「ポートランド・トレイルブレイザーズ」の事例が白眉である。本拠地の「モダ・センター」の改修時に、プロスポーツ施設として世界で初めて建築物や都市に関する国際的な環境認証である「ＬＥＥＤ」（Leadership in Energy and Environmental Design）の最高位であるＧＯＬＤ認証を取得した（写真２・１）。

建築物の環境性能を評価するこの認証によって、モダ・センターは、エネルギーや水などの資源を効果的に使い、廃棄物を削減し、アリーナで働く人と利用者（ファン）の健康と生産性を高めることによって、環境や人体への負荷を削減する建物として「グリーンビルディング」を名乗ることが可能となった。

さらにポートランド市および交通局と連携して、年間2万トンに相当する「カーボンフットプリント」の約7割を占める〈ファンや従業員の移動によるCO_2排出〉を抑制するために、公共交通手段や自転車の利用を促進する動きを強めた。電気自動車やハイブリッド車の優先駐車場を設置するとともに、自転車の利用を促進するためのインフラ整備にも取り組み、10年間でファンの公共交通手段利用率を12%から60%に向上させた。カーボンフットプリントとは、商品などのライフサイクル全般にわたって排出された温室効果ガスをCO_2排出量に換算したものであり、プロスポーツのイベント自体が巨大なCO_2排出装置になっているという認識をベースに、これに改善を加えてSDGsに貢献しようとする試みである。[注9]

そのほかにも、プロアメリカンフットボールNFLのフィラデルフィア・イーグルスは、約7万人収容のリンカーンフィナンシャル・フィールドに2010年から段階的に1万1千枚の太陽光パネルと14基の風力発電機をスタンド最上部に設置し、スタジアムの消費電力全体

写真2・1　GOLD認証を取得したモダセンター（出典：Rose Quarter のホームページ[注8]）

の約30%をまかなっている。残りの電力も、有機ゴミや使用済み食用油などを使用したバイオディーゼル燃料と天然ガスを使用する発電機を使用するなど、環境への配慮は徹底している。

日本のスタジアムやアリーナにおいても、太陽光パネルや自家発電機の設置など、エコ対策や防災面での対策は講じられているが、それは建設段階での話で、完成後の運営を担当する期限付き管理代行者（指定管理者）では、SDGsを意識した持続的な取り組みは困難である。

スポーツイベントとSDGs

スポーツとSDGsについては、図表2・2に示す17の持続可能な開発目標をすべて包含できるスポーツやスポーツイベントは存在しない。よって、スポーツやイベントごとに、最も適切な項目に紐づけることで、スポーツやスポーツイベントの価値創造を行うことが

図表2・2　持続可能な17の開発目標（SDGs）
（出典：国連広報センター）

可能となる。例えば、アウトドアスポーツの場合は、「14：海の豊かさを守ろう」や「15：陸の豊かさも守ろう」でも良いし、スポーツイベントの場合は「11：住み続けられるまちづくりを」に紐づけても良いだろう。ちなみに筆者が委員長を務めた「第20回アジア競技大会名古屋市レガシー・ビジョン有識者懇談会」では、2026年開催の大会がもたらすレガシー（まちの姿）を四つのビジョンにまとめ、以下のように、それぞれに関連するSDGsを紐づけた。[注10]

四つのビジョンの第一は「地域活力」であり、「アクティブライフの推進・健康増進」「子どものスポーツの充実」「地域活性化」「市民活動の推進」を項目として、SDGsの3（すべての人に健康と福祉を）と17（パートナーシップで目標を達成しよう）を紐づけた。第二は「魅力・誇り」であり、「スポーツを通した魅力の創出・発信」「大規模競技大会・イベントの誘致・開催」「アスリートへの支援」「名古屋が持つ魅力資源の発掘・向上・発信」「インバウンドの発信、受け入れ環境の整備」という項目を含む。これらは、SDGsの8（域外も経済成長も）と11（住み続けられるまちづくり）を紐づけた。

三番目は、「国際交流・多様性」であり、「国際交流の推進」「グローバル社会の中で活躍できる人材の育成・確保」「共生社会の推進」という項目から構成され、ここにはSDGsの4（質の高い教育をみんなに）と10（人や国の不平等をなくそう）を紐づけた。最後は「イノベーション・持続可能性」であり、ここには「大会後の活用を見据えた施設整備」や「利便性・防災性・危機管理体制を備えた都市機能の強化」、そして「イノベーションの創出、先端技術の普及・活用」といった未来志向の項目を含む。よって、これに紐づけられるSDGsとして、9（産業と技術革新の基盤をつくろう）と13（気候変動に具体的な対策を）を紐づけた。

日本で開催されるメガスポーツイベントの計画で、ＳＤＧｓと関連づけられたのは、今回のアジア大会が初めてであり、目標年度の２０３０年に向けて、今後具体的な施策が展開されることを期待したい。さらに、気候変動の影響を受けやすい冬季のオリンピックに関しても、これまで以上に環境問題を意識した計画づくりが必要になってくる。特に、ＳＤＧｓの目標年である２０３０年に冬季オリンピック誘致を計画している札幌市では、大会後の持続的な都市づくりを目指し、環境面に力を入れた立候補ファイルを策定する予定である。

コラム 2・1

Ｊクラブが展開するスポーツ地域戦略

企業スポーツが中心であった昭和の時代から、地域密着型のプロスポーツが全国に浸透した平成の時代には、全国各地で多くのチームやクラブが誕生した。これらの事業体に共通しているのは、公益性を重視し、地域の企業を巻き込み、自治体の協力を得ながら地域課題の解決を試みる姿勢で、特にＪリーグが掲げる豊かなスポーツ文化を育むための「百年構想」は、多くの自治体や住民から共感を得た。最近では、リーグとクラブの経営において安定感が増すにつれて、地域との一体感が増す傾向が見られる。

例えば、公民連携（ＰＰＰ）の枠組みの中で、横浜マリノスが新しく横須賀市の久里浜一丁目公園の設置管理許可を得て、練習施設の整備に乗り出した。マリノスは使用料として年間1・7億円を支払うが、同時に横須賀市が整備する公園と、マリノスが整備する練習場（フルピッチ2面とハーフピッチ1面、そしてトレーニング等の付帯施設）がもたらす集客効果も期待されている。

その一方、鹿島アントラーズの本拠地は、都心部から遠距離に位置していることで有名である。東京駅からバスで片道3時間もかかる上に、ホームタウンである茨城県南部の鹿嶋市、潮来市、神栖市、行方市、鉾田市の5市の人口も、合計28万人にも満たない規模である。そこでこのような悪条件を逆手に取り、遠くて時間がかかる場所を旅行目的地化するために、（一社）アントラーズホームタウンDMO（茨城県鹿嶋市）を立ち上げた。

DMOとは、デスティネーション・マネジメント・オーガニゼーションの略称で、多様な関係者と協働し、地域の観光資源を磨き上げ、鹿島エリアの観光地域づくりを実現するための戦略を策定する組織のことである。2018年より、サッカーコートが百面近くある茨城県南東部の「鹿行《ろっこう》地域」の強みを活かし、東南アジアを中心にサッカー合宿の受け入れを行い、スポーツツーリズムによる地域振興に向けた活動を展開している。

このほかにも、自治体連携による応援企画を行う名古屋グランパスエイトや、自治体との包括連携協定を行うレノファ山口、そして国立大学法人信州大学と包括連携協定を結んだ松本山雅など、地域密着を一歩進める形で、地域と一体化した動きが加速化している。その文脈に沿った形で、これらの動きを集約するために、Jリーグは、持続可能な地域づくりを目指した社会連携プログラムを立ち上げた。これは、多くのステークホルダーを持つ各地のJリーグクラブの〈存在意義〉を、ホームタウンの社会課題の解決という大きなテーマに昇華させるためのビジョンで、スポーツがレバレッジできる社会的価値の可能性を探ろうという試みである。

3　シビックプライドの喚起装置

シビックプライドの喚起こそ本質

地域密着型プロスポーツの本質は、「シビックプライドの喚起」にあると筆者は考える。シビックプライドとは「都市に対する市民の誇り」と定義されるが、類似の概念である「郷土愛」や「地域愛着」よりも積極的な意味を持つ。すなわち権利と義務を持つ市民として、自分が住む場所をより良い場所にするために活動するという、ある種の当事者意識に基づく自負心のことを意味する。

Jリーグの熱心なファンがゲーム中に発する「俺たちの誇り○○！」というチャント（応援歌や掛け声）は、まさに地元チームの応援から生まれる「愛」の表現であり、仲間とともに、堂々とシビックプライドを喚起する場を提供している。若者の地元離れに悩む地域には、JリーグやBリーグのように、地元への愛情を直接表現できる場が必要である。

ファンビジネス

ファンビジネスは、リアルな世界で起きる生身の人間同士の心と精神の交流であり、バーチャルなネット世界とは対極にある。ファンビジネスには、スポーツもあれば、音楽や舞台芸術、そして大衆演劇など、多くのライブチケットが流通する世界があるが、コンテンツの種類に関係なく、ファンがいなくなった時点でビジネスの「存在理由」が消滅する。よって、どのようにしてファン（すなわち需要）を創造し、維持するかがライブエンターテイメント・ビジネスの鍵となる。

例えば、日本のライブエンターテイメントの元祖である宝塚には、ユニークなファン形成の仕組みがある。これが「ファン会」と呼ばれる、制度化されたスターづくりの支援組織である。ファンは、「未完成」のスターを育てることを無上の喜びと捉え、宝塚音楽学校の生徒時代から鮮度の高い「未来の大器」を見つけ、ともに「トップスター」の地位を目指す息の長い支援システムである。元・宝塚総支配人の森下信雄[注11]は、宝塚ファンと生徒の間に生まれる関係性を「シロウトの神格化」と呼び、スターを育てるために生まれるファン・コミュニティが、「ファン会」を通じて徹底的に組織化・序列化されることによって強固な支援システムを形成し、シロウト（生徒）がトップスター（神）へと階段を昇り詰める、強い絆づくりがあると指摘する。

多くの熱狂的なファンを育てた「ＡＫＢ48」も、素人に近い未熟なスター候補に対し、総選挙などのイベントを通じてスターに育てていく「進化することを前提にしたシステム」を構築した。ターゲットを不特定多数ではなく、一部の熱狂的なファンに絞り込むことで濃厚な関係をつくる点において、宝塚と共通点が多い。

スポーツの場合、リアルな世界では、ファンの目の前で繰り広げられるゲームが感動と興奮を喚起する。それはテレビの画面からは得ることのできないライブ経験であり、ざわめき、芝生の臭い、張り詰めた空気、歓声、カクテル光線が、五感を通して身体に流れ込む。その経験が価値のあるものならば、ファンはチームやクラブに対してロイヤルティ（忠誠心）を持つ。それが続くとロイヤルティは高まり、チームに誇りを感じ、やがてゲームを観戦することが日常の楽しみとなり習慣化する。

ファンになるのは簡単である。前もって本を読む必要もなく、講習会を受ける必要もない。スポーツであれ、音楽であれ、パフォーミングアーツであれ、韓流スターであれ、要は「はまる」か「はまらない」かである。一度はまってしまうと、それは理屈ではなく、感情の世界の話となる。

スポーツマーケティングの世界では、図表2・3に示すように、観戦者は観戦頻度によって、ライトファンからミディアムファン、そしてコアファンへと頻度エスカレーター（the frequency escalator）を段階的に登っていくと理解されているが、事実は異なる。確かに技術習得や経験が必要なスポーツ参加者は、初心者から中級者、上級者へと社会化の階段を上がっていく。しかしファンの場合は、汗をかくことなく、そして時間をかけることなく、頻度エレ

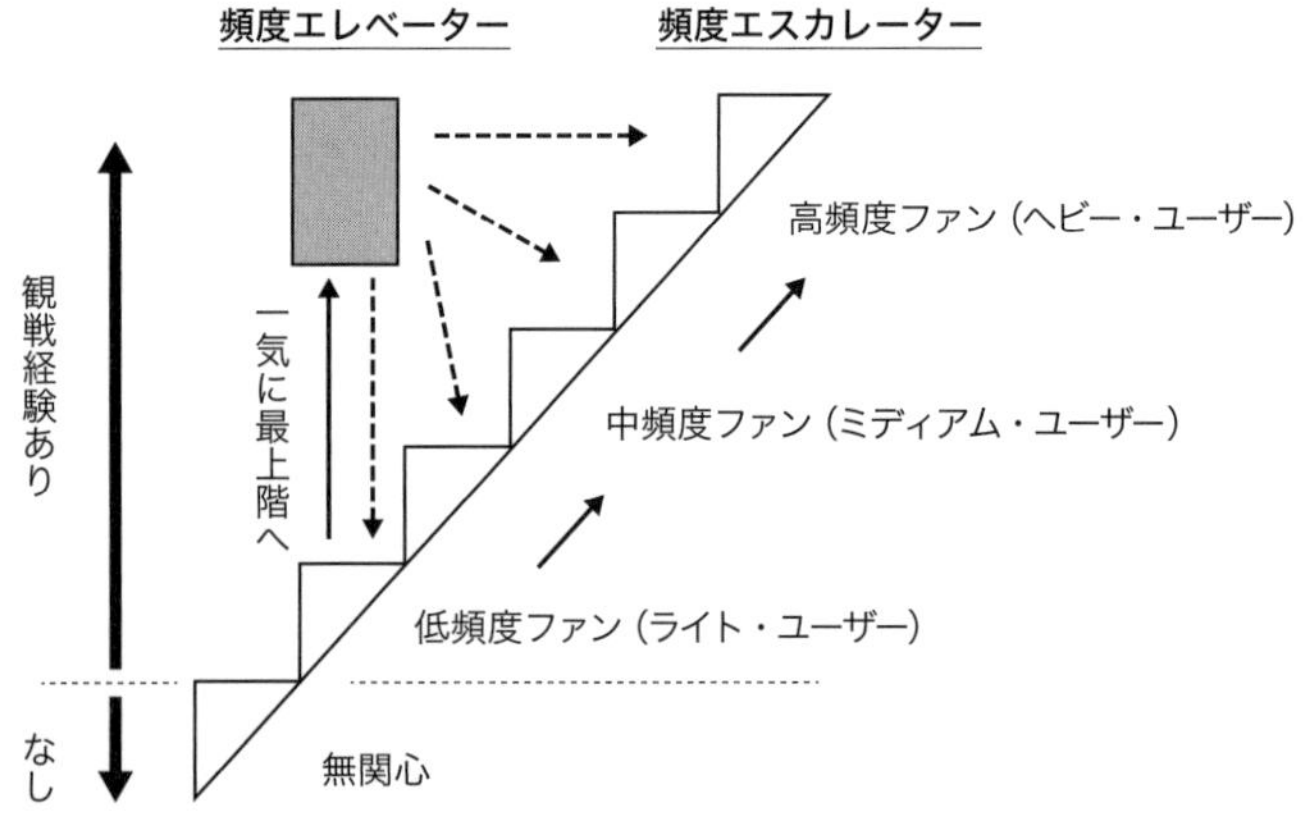

図表2・3　頻度エスカレーターと頻度エレベーター

ベーターに乗って、いきなり上級者（コアファン）のレベルに達することができる。そこが「するスポーツ」とは本質的に異なる点である。これまでラグビーに関心のなかった人が、ラグビーワールドカップ２０１９における日本代表の活躍を見て、突然熱狂的な「にわかファン」に姿を変え、日本代表のユニフォームを買い、ファン仲間が共有するサブカルチャーの中にどっぷりと浸かったことは記憶に新しい。

音楽や芸術のファンがそうであるように、スポーツも最初に「はまる」か「はまらないか」がすべてである。一度はまってしまうと、「エスカレーター」に乗って徐々に観戦行動を増加させていくのではなく、「エレベーター」を使って一気に屋上へと移動することができる。それがファンの醍醐味であり特異な点である。もちろん中には、最初は付き合いや、仲間に誘われて嫌々ながら見に来ていた人が、ルールがわかり、選手の名前を覚えるにつれて、関心を深め、観戦頻度を徐々に上げていくといったエスカレーターのパターンも存在するだろう。しかし、ファンの多くはエレベーターに乗って、ライト・ユーザーとヘビー・ユーザー、そしてミディアム・ユーザーの間を自由に行き来するのである。[注12]

広辞苑によれば、「はまる」とは「嵌る」「塡る」という漢字を用い、「泥にはまる」「悪にはまる」「遊女にはまる」といった、悔恨の念をともなうはまり方がある一方、「しっくりと合う」「ぴったりとはいる」といった、はまってよかったという悦楽のはまりがある。スポーツや音楽の場合などは、まさに後者であり、年齢や性別に関係なく起きる突発的な現象である。

4　ハイカルチャー・地域活性化・社会課題解決の融合へ

昭和のスポーツ文化

日本のスポーツ文化は、企業が実業団スポーツを育て、行政が施設を建設し、指導者を育成した「昭和のスポーツ文化」から、地域密着型のプロスポーツを全国に浸透させた「平成のスポーツ文化」を経て、新たに「令和のスポーツ文化」を創造する時代へと移行した。令和のスポーツ文化とは、企業と強固な関係性を築いたプロスポーツの重厚な発展であり、公有施設のコンバージョン等を含めた、スポーツを触媒（キャタリスト）として最大活用する豊饒なスポーツ文化の創造にある。以下でこの流れを、もう少し詳しく説明しよう。

図表2・4に示したのは、昭和、平成、令和におけるスポーツ文化の特徴を示したものである。まず中心にある昭和のスポーツ文化であるが、この時代は、企業と行政がスポーツ文化の中核を担ってきた。60年代から80年代は、バスケットボールやラグビーに代表される「企業スポーツ」が時代の中核を担い、オーナーとしての企業が広告宣伝塔としてプロ野球チームを支えた。その一方で、70年代から80年代における高度経済成長は、地方自治体の財政を豊かにし、行政主導型のスポーツ施設整備や運営が主流となったが、これが、皮肉にも日本のスポーツビジネスの発展を遅らせる原因になった。

当時の日本は、急速な経済成長によって「ジャパン・アズ・ナンバーワン」の地位を謳歌していたが、一方で米国や英国は、オイルショック（1973～74年）後の財政悪化に喘《あえ》いでいた。英国の失業率は増大し、生産性が低下し、通貨であるポンドの価値も下落するなど、「ヨーロッパの病人」と揶揄される有様であった。オイルショック後の不況を克服するために、70年代後半に、国営企業の民営化や規制緩和に向けて大ナタを振るったサッチャー政権（英国）や、財政再建に向けて、スポーツやレクリエーション行政への補助金を大幅にカットしたレーガン政権（米国）が生み出した危機的状況は、逆に公共セクターへの民間活力の導入機会を増やしていった。例えば、米国の地域スポーツを推進する「公園レクリエーション局」では、80年代に補助金が一気に縮減された一方で、マーケティングを駆使した資金調達（例えば公園のベンチや案内表示、そして樹木に対する命名権の導入等）の手法が一気に広まった。このようなビジネス的手法を導入した公共セクターの民営化の動きは、公園・レクリエーション管理からスポーツの世界にマネジメントやマーケティングの思想を深く浸透させ、英国では日本の指定管理者制度の原型となった「ＣＣＴ（強制競争入札）制度[注13]」が誕生するなど、

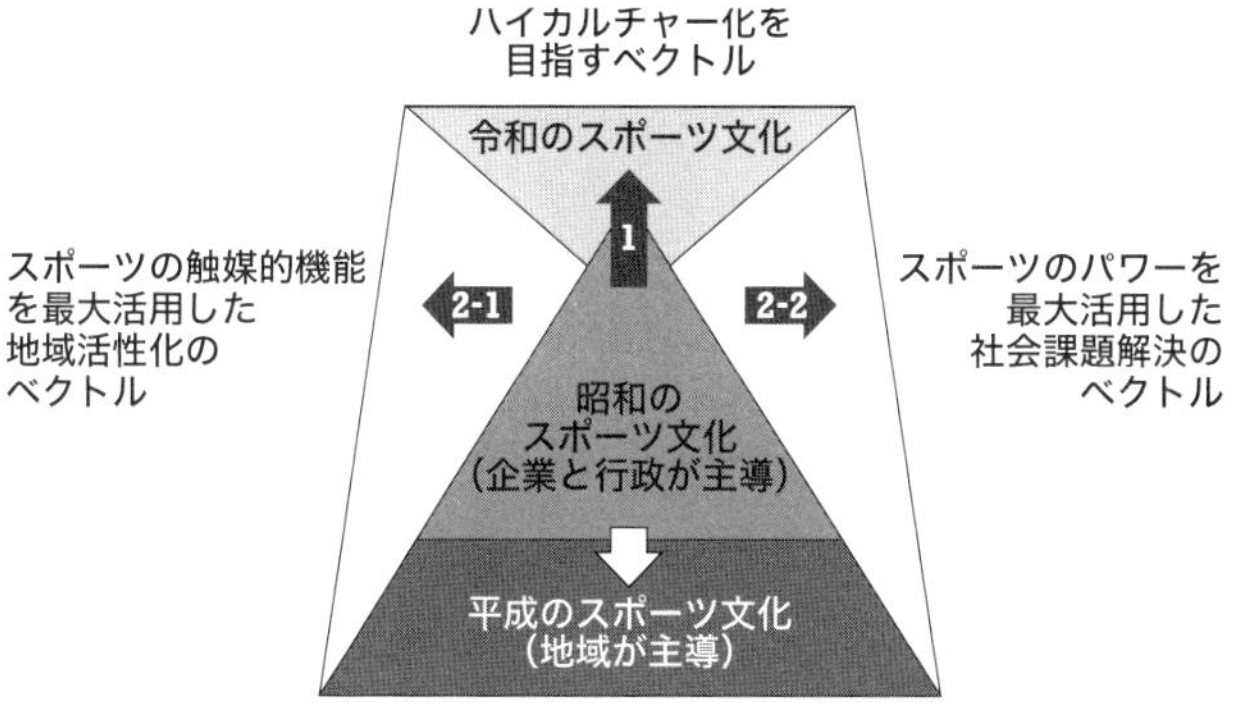

図表2·4　令和のスポーツ文化の構築

スポーツのビジネス化を促す基盤を形成していった。

平成のスポーツ文化

日本において企業と行政が主導した昭和のスポーツ文化は、バブル経済の崩壊によって、大きな見直しを迫られることになる。本章の冒頭でも述べたように、不況による企業の業績悪化にともない、企業スポーツが廃部と休部によって大幅に縮小されたが、地域密着型プロスポーツを標榜《ひょうぼう》したJリーグの誕生と、地方自治体が出資するJクラブの増加が、日本のスポーツを取り巻くランドスケープ（風景）を大きく変えていった。

地域を活性化させる「触媒」としてのスポーツの力（Power of Sport）が認められる一方で、地域住民に対しては、ファンとして「シビックプライド」を創発する場を提供したのである。シビックプライドに関しては、前節で触れたが、プロ化によってスポーツがもつコンテンツの魅力が増大し、集客力を増し、協賛金や放送権料を獲得できるパワーを持ったことによって、地域を豊かにする〈触媒力〉が強化されたと考えるのが妥当であろう。アマチュアスポーツには、地域経済を動かす力はないが、プロスポーツにはその力が備わっている。

よって平成は、図表2・4の土台部分が築かれた時代であり、プロスポーツが日本全体に拡大し、そこで生まれた多様な「地域イノベーション」（例えばサッカーを通じたまちづくりや社会貢献活動）がスポーツの価値を高め、人口減と高齢化に直面する地方に活力を与えてくれたのである。平成の後半には、Ｊリーグと同じ文脈で、男子バスケットのＢリーグや卓球のＴリーグが誕生し、令和のさらなる発展を可能にする基礎工事が完了した。

令和のスポーツ文化

では、令和のスポーツ文化とは、どのようなものなのだろうか？　筆者は、図表２・４の頂点に示すように、昭和から平成にかけて創られた土台となる三角形の上に、新たに「ハイカルチャー」としての逆三角形を積み上げるのが良いと考える。これが上方向に向かうベクトル（1）である。ハイカルチャーとは、その社会において高い達成度を示すと位置づけられたもので、日本だと無形文化遺産に指定された和食や仏教美術などがこれに当たる。19世紀ごろの欧州では、ハイカルチャーは知識や教養を持つ特権階級（貴族やブルジョア）が享受するものだったが、20世紀になると大衆文化の普及とともに、多くの人が享受できるようになった。

スポーツの場合も同様に、ハイカルチャーの民主化（あるいは大衆化）をより一層進めるべきで、企業や個人が豊かな時間を過ごすことができるクオリティの高いホスピタリティ環境の整備が必要となる。それに必要なキーワードは「高付加価値化」であり、高所得者層やビジネス関係者を取り込むために必要な、高級感のあるスポーツホスピタリティ環境の充実を視野に入れるべきである。

スポーツホスピタリティの充実は、スポーツ観戦に高級感と重厚感を与えることを可能にする。例えば、ラグビーワールドカップ2019大会で、高額なホスピタリティチケットを販売したＳＴＨは、スポーツホスピタリティのことを、「各種スポーツ競技イベントにおいて、その観戦チケットだけではなく、高品質で本格的なお食事と質の高いエンターテインメントなどをセットで提供する一つの観戦スタイル」と定義している。パッケージは、最も安い5万円の「プレミアム」から、最も高い50万円の「チャンピオン」まで八つのカテゴリーに分かれており、コラム2・2には、最上位のチャンピオンで受けることができるホスピタリティの内容を示した。

スポーツのハイカルチャー化には、多様なグローバル企業とメディアを取り込める世界水準のプロスポーツリーグの構築も重要な視点となる。そのためには、スポーツの高付加価値化を可能にするスタジアムやアリーナの整備が不可欠であり、レセプションからケータリングまで、高級ホテル的サービスの導入が必要となる。これによって、企業がスポーツにスポンサードするメリットを各段に向上させ、2020年のオリンピック・パラリンピック大会に向けて高まった企業の協賛熱を冷まさないようにすることが大切である。

スポーツの世界に必要なビジネスクラス

令和のスポーツ文化は、スポーツビジネスの規模拡大を促すものである。これまでのスポーツ文化は、飛行機でいうエコノミークラスのサービス（均等な機会）が主流だとすれば、今後必要とされるのはビジネスクラスやファーストクラスのサービスである。

例えばロンドンとニューヨークを結ぶ大西洋路線のビジネスジェットは、エコノミーが122席あり、それ以外のプレミアムシート（ビジネスとファースト）が102席あるが、席の46%を占める後者の運賃収入は約6千3百万円で、全体の84%を占める。これはスタジアムやアリーナも同じで、アメリカでは全体の2割程度のラウンジ付き特別観覧席（スカイボックスやラグジュアリーシートと呼ばれる）の収入が全体の8割を占めると言われている。

このような「ビジネスクラス」の収入は、B2CのみならずB2Bの関係から生まれる。すなわち、スポンサーがファンやほかのスポンサーとの新しい関係やコミュニケーションを確立できる場を高付加価値化し、利用者の満足度を高めることが重要となる。特にイベントへの協賛企業等が接待で利用できる「コーポレートホスピタリティ」の場が、今後の重要課題となってくる。よってビジネスクラスのサービスには、当然レベルの高い施設やスタッフなどコストがかかるが、それに見合う以上の収入が期待できる場合、その方向に舵を切るのは至極真っ当な経営判断である。例えば、Jリーグに所属する鹿島アントラーズの場合、カシマスタジアムの収容能力を現在の4万人から2万5千人に縮減し、そのうちの5千人をスイートボックス（特別観覧席）にする構想であるが、これもビジネスクラス的発想に基づく改革である。

豊饒なスポーツ文化の創出に向けて

ここでもう一度、図表2・4に戻ろう。昭和から平成にかけて、大きな三角形が生まれたが、その上にハイカルチャーを目指す逆三角形を積むことで不安定さが増す。これを補うのが、二つのベクトルによる肉付けである。その一つが、スポーツの触媒的機能を最大活用した「地域活性化」を目指す左横方向のベクトル（2－1）であり、もう一つが、スポーツのパワーを最大活用した、「社会課題解決」に向けた動きを活性化する（右横方向の）ベクトル（2－2）である。

前者は、スポーツで人を動かし、社会経済効果を地域にもたらす「仕組み」をどう構築するかという方向性であり、スポーツツーリズムの振興や地域スポーツコミッションの設置、そして地域密着型プロスポーツの規模拡大によるシビックプライドの涵養等が視野に入る。後者は、スポーツとSDGs、あるいはスポーツとCSV（共通価値の創造）といった先端的な動きを含み、プロスポーツが行う社会連携活動や、パラスポーツの啓蒙によるインクルーシブ社会の推進など、スポーツによる社会課題の解決によって、住み良い社会づくりを目指す方向性である。これによって、豊饒な令和のスポーツ文化が誕生する。

スポーツに対するビジネス的関心の高まり

三つのベクトルに沿った成長が続いた結果として生まれるのが、「豊饒なスポーツ社会」であるが、その実現には、産業としてのスポーツの規模的拡大が不可避である。令和の時代になり、三つのベクトルに向けた動きが活発化しているが、その背景には、ゴールデンスポーツイヤーの幕明けとともに高まりを見せる、社会の注目度と企業の関心度がある。

実際、世界的に強くなった卓球やバドミントンの躍進、期待を上回る男子バスケット日本代表の活躍、そしてお家芸の柔道や水泳の好成績など、世界選手権やワールドカップにおける日本選手の活躍が、社会の関心をスポーツへと誘っている。それに加えて、歴史が浅く、事業規模もそれほど大きくないものの、世界市場の中で大きな成長余力を残すJリーグやBリーグの新興チームが、投資対象としての魅力を増している。実際、スポーツに潜むパワーの大きさに気づいた新興企業（特にIT企業）が、スポーツへの関与を深めている。

その背景には、IT企業が得意なネットビジネスや、VR、ARなどの先端技術の活用、そして健全なエンターテインメント産業としての可能性等、JリーグやBリーグが、これから本格展開の時代を迎える伸び盛りの業界であるという認識が広まっている。

増大するプロスポーツに対するIT企業の投資意欲

昭和から平成にかけて、スポンサーとしてプロスポーツへの協賛を行う企業は多かったが、資本参加して経営権まで取得する企業は少なかった。プロ野球では、21世紀になり、ソフトバンク（2004年）や楽天（2004年）、そしてDeNA（2011年）といった大手IT企業が立て続けにチームの経営権を取得したが、これを第一次ブームとすれば、現在は、新興IT企業が、プロスポーツのチームやクラブの経営権を取得する第二次ブームである。[注14]

もともとプロスポーツ向けの専用スタジアムや専用アリーナがなかったJリーグやBリーグでは、観客数も頭打ちで、確実な収益モデルを描くことが難しかった。その一方で、スポーツ庁が先導する「スタジアム・アリーナ構想」や、民間主導で市場が広がりつつある「スポーツ×テクノロジー」への関心の高まり、そして社会貢献を実践する「公器」としての役割など、プロスポーツに秘められた大きな可能性が認識され始めた。

第一次ブームが終わった後、２０２０東京オリ・パラの決定（２０１３年）や、スポーツ庁の設置（２０１５年）を経て、日本のスポーツを取り巻く風景は大きく変化する。筆者は、これをスポーツ政策の「パラダイムシフト」と呼ぶが、スポーツの発展から、スポーツを活用した社会の発展へと向かう考え方の進化は、スポーツに関与するビジネスを一気に開花させ、企業のスポーツに対する投資意欲を高めた。

最近では、２０１８年10月に、サイバーエージェントがＪ２の「ＦＣ町田ゼルビア」の経営権を取得したのを皮切りに、モバイルゲーム事業で業績を伸ばしているアカツキが、２０１８年12月に、Ｊ２の東京ヴェルディの株式を取得して関連会社化した。さらに、２０１９年４月には、ミクシィがＢリーグの人気チームである「千葉ジェッツふなばし」の発行済み株式の過半を取得して子会社化を決めた。

令和の時代になると、２０１９年７月に、メルカリがＪ１リーグの鹿島アントラーズの親会社である日本製鉄から、運営会社である鹿島アントラーズＦＣの発行済み株式のうち61・６％を取得して経営権を握った。新興ＩＴ企業に不足している全国的な知名度の浸透や、アントラーズのブランド力の活用など、そこには緻密に練られた企業の投資戦略がある。

さらに２０１９年８月には、バンダイナムコエンターテイメントが、Ｂリーグの「島根スサノオマジック」の運営会社（山陰スポーツネットワーク）が持つ株式の過半数を取得して経営権を握るなど、都会の人気チームだけでなく、集客が不利と言われる地方のチームにも、投資の流れが押し寄せている。

人口が少ない地方のプロスポーツは、チームの人気にもよるが商圏は狭く、地元企業の数も少ないため、多額の協賛金を得ることが難しい。しかし固定的なファンが育ち、シビックプライドの醸成にも役立つなど、クラブ事業がそのまま社会的利益に直結するCSV経営を行うことができる。

スポンサー企業としてJクラブを支援し、相互の信頼感が生まれた後に株式を取得し、経営権を獲得するのが今の流れである。モバイルゲーム事業で成功し、創業からわずか6年で株式上場した「アカツキ」も、最初はスポンサーとしてクラブと関係性を深め、その後、株式を取得して経営権を取得する流れを見ることができる。モンスターストライクで有名なミクシィも、FC東京と1・5億円で複数年のスポンサー契約を締結するなど、新興のIT大手企業がスポーツに積極的に投資する時代になった。

IT企業以外でも、プロスポーツに可能性を見出す企業が存在する。2017年4月からV・ファーレン長崎の経営権を取得したジャパネットホールディングや、2018年5月に、湘南ベルマーレの経営権を取得し、クラブ経営に乗り出したRIZAPグループなどがあるが、今後、ハイカルチャー化が進み、スポーツホスピタリティの可能性が広がる令和のスポーツにおいて、企業のプロスポーツへの投資意欲はさらに拡大することが予想される。

コラム 2・2

スポーツホスピタリティ

　スポーツホスピタリティとは、スポーツイベントの付加価値を高め、スポーツ観戦を特別な体験にするものである。例えば2019年のラグビーワールドカップの最上位とされるホスピタリティでは、11月2日の決勝戦の最上カテゴリーでの観戦チケットと、11月3日のワールドラグビー授賞式への招待がセットになったカテゴリーを設けた。試合当日は、ウエルカム・ドリンクから始まり、伝統的な和太鼓のパフォーマンス、日本の屋台料理とともに、ビール、ワイン、ソフトドリンクが無料で提供されるほか、オフィシャル日程表、マップ、ホスピタリティ会場アクセスパス、記念品、"Road to the Final"の大型スクリーン上映などが含まれる。また授賞式では、レッドカーペットを歩き、到着後にディナー前のドリンクがあり、3種類から選べるコースディナーと飲み物のほか、アフターパーティーに出席することもできる。ただしドレスコードはブラックタイ（タキシード・黒ボウタイなどのフォーマルな服装）とされ、招待された選手とともに、特別な夜を過ごすことができる内容になっている。これ以外にも、豪華な食事やエンターテイメントを含む多様なホスピタリティが加わった高額チケットが売れているが、高付加価値化されたスポーツサービスに対して、迷わず購入を決めるのが現代の消費者である。よって令和のスポーツ文化の発展は、スポーツサービスを提供する側が、ホスピタリティプログラムのような高付加価値を生む仕組みを消費者に提供し、市場規模を拡大できる営業力を持てるかどうかにかかっている。

注

注1：興行には、イベント開催地の興行会社（プロモータ）に、主催団体が一定額で興行権を販売する「委託興行」、主催団体が自らリスクを負って興行する「自主興行」、そして主催団体とプロモータで負担を分担し合う「合同興行」等がある。

注2：日本経済新聞「経済教室：スポーツの経済学（中）」2006年5月4日朝刊

注3：CSRには消費者イメージを向上させる力があり、それは特に、広告費を多く使うB2C系の企業で業績向上に貢献するが、広告費を多く使わないB2B企業では、CSRが高いほど業績がマイナスになる傾向があることが明らかにされている。（入山章栄『ビジネススクールでは学べない世界最先端の経営学』日経BP社、2015年）

注4：スポーツ庁と早稲田大学の共催による「スポーツ経営人材シンポジウム」（2020年2月27日）において、ヤマハ発動機株式会社代表取締役会長の柳弘之氏は、独自の企業文化を守るために企業スポーツは不可欠であると判断し、ラグビーやMotoGP（モータースポーツ）を継続したことを報告した。同社は、CSR活動としての企業スポーツを「ブランドの体現」と位置づけ、その重要性を社内で共有している。

注5：藤井剛『CSV時代のイノベーション戦略』ファーストプレス、2014年

注6：マイケル・ポーター著、土岐坤・中辻萬治・小野寺武夫訳『競争の戦略』ダイヤモンド社、1985年

注7：サッカーにおける胸スポンサーは最も広告価値が高く、イングランドのプレミアリーグに所属するマンチェスター・ユナイテッドの場合、年間契約金は約90億円を超える額になっている。

注8：Rose Quarter のホームページ〈https://rosequarter.com/about-us/venues/moda-center/〉

注9：Alicia Jessop, “Going Green Allows NBA Teams To Gain Corporate Partners And Engage New Fans,” Forbes,〈https://www.forbes.com/sites/aliciajessop/2014/04/13/going-green-allows-nba-teams-to-gain-corporate-partners-and-engage-new-fans/#5cf4f5d71f2a〉

注10：名古屋市「2026アジア競技大会NAGOYAビジョン‐アジアとともに輝く未来へ」2019年10月28日公表

注11：森下信雄『元・宝塚支配人が語る「タカラヅカ」の経営戦略』角川oneテーマ21、2015年

注12：原田宗彦「ファンビジネスの成功例」スポーツビジネス入門第16回、月刊体育施設、2007年3月号

注13：「強制競争入札制度」（CCT：Compulsory Competitive Tendering）は、1980年代の英国で、サッチャー首相とメジャー首相が率いた保守党政権時代に実施された制度で、ある特定の公共サービスの提供に対し、官と民で入札を競争することが法律で義務づけられた。

注14：2018年1月に、B1所属の川崎ブレイブサンダースの経営権が、DeNAが100%出資する子会社である「DeNAバスケットボール」にわずか3百万円で売却された。企業スポーツの色彩の濃い当時のチームの資産価値はこの程度であり、ほぼ無償譲渡に近い所有権の移転であったが、現在の資産価値は大きく高まっていることが予想される。

第3章 スポーツツーリズムの新しい展開

1　市場の成長と需要の多様化

スポーツツーリズム市場の急成長

英国の調査会社であるテクナビオ（Technavio）が、２０１７年8月に発表したレポート（Global Sports Tourism Market: Key Drivers and Figures）によれば、２０１６年の世界のスポーツツーリズムの市場は、1兆4千1百億米ドル（1ドル１０９円として約１５３兆6千9百億円）であり、日本の２０１９年度当初予算のおよそ1・5倍、そして２０１７年のオーストラリアの名目ＧＤＰ（ＩＭＦ発表／世界第13位）に匹敵する規模である。さらに同社は、２０１９年から２０２３年の間に、市場は4・05倍の6兆1千2百億ドル（約６６７兆8百億円）に成長すると予測する。これはＣＡＧＲ（年間成長率）36％以上という、超成長市場を意味する。

このような急成長の背景には、サッカーツーリズムやラグビーツーリズム、そしてテニスツーリズムのように、ワールドカップや世界大会の応援で、世界を旅するスポーツファンや、大会協賛のホスピタリティで参加するグローバル企業の関係者等、新しいスポーツツーリズムの担い手の増加がある。さらに国際旅客数のコンスタントな増加と、その中で大きな割合を占めるアジア地域における中産階級の勃興がある。注1

日本におけるスポーツツーリズムは、１９８０年代から、研究者の間で存在は認知されていたが、それはあくまで研究テーマとしての認知であって、新しいツーリズムの形態として一般に広まったのは最近のことである。そのきっかけになったのが、２０１１年に観光庁に設置された「スポーツツーリズム推進連絡会議」であり、ここでの議論がベースになって、新しい領域への認知が一気に広まった。

翌年には、具体的な事業展開に向けて「スポーツツーリズム推進基本方針」が策定され、その中の提言に沿う形で、スポーツツーリズムを普及啓蒙するための組織である「一般社団法人日本スポーツツーリズム推進機構」（以下ＪＳＴＡ）が２０１２年に設立された。その後ＪＳＴＡの活動が軌道に乗るにつれ、スポーツツーリズムの知名度は徐々に高まりを見せたが、目に見える最大の成果は、数多くの自治体に、スポーツツーリズムの司令塔となる「地域スポーツコミッション」が設立されたことである。これによって、多くの自治体で、交流人口を増やし、地域を活性化するためのスポーツ合宿や、スポーツ大会の誘致開催が実施されるようになった。

この動きに注目したスポーツ庁も、２０１５年度から17年度にかけて、スポーツによる地域活性化推進事業として「地域スポーツコミッションへの活動支援」を行い、18件の補助事業が行われた。２０１8年度には、「スポーツによるまちづくり・地域活性化活動支援事業」へと名称を変更し、継続的な人的交流を図る「スポーツ合宿・キャンプの誘致」と、恒常的なスポーツ誘客が可能な「通季・通年型スポーツアクティビティの創出」に対する補助事業が行われることになった。後者は、アウトドアスポーツなど、自然環境や景観を活かし、季節・年間を通じて体験可能なスポーツアクティビティやその受入態勢を構築し、スポーツによる恒常的な交流人口拡大を図る活動を支援するものである。その背景には、リピート率が上がると地方訪問率が高まり、地方訪問率が高まると観光消費が増える、インバウンド観光客を取り込もうとする動きが存在する。[注2]

なお、スポーツツーリズムに関する施策の状況については、2019年6月に「観光立国推進会議」が策定した「観光ビジョン実現プログラム2019」に記載された内容をコラム3・1に示したので参照されたい。

コラム3・1 スポーツツーリズムに関する施策

2019年6月に「観光立国推進閣僚会議」が策定した「観光ビジョン実現プログラム2019」には、以下のように、スポーツツーリズムに関する施策が多く掲載されている。

- スノースポーツ人口の増加が期待されるアジア市場、潜在的な需要が高い欧米市場等、各地域がターゲットとする層の誘客に向けた取組を実施する際に参考となるよう、各種調査、モデル事業、「スノーリゾート地域の活性化推進会議」等で得られた知見をとりまとめ、展開する。また、スノーリゾート地域の活性化に向けて、設備更新の投資促進のための環境整備の検討や、グリーンシーズンの活用も含めた官民連携によるコンテンツ造成に取り組むとともに、外国語対応可能なスキーインストラクターやスキーパトロールの確保に向けた外国人材の活用等の方策を検討する。
- 国内外のサイクリストの全国各地への誘客を図るため、官民連携による先進的なサイクリング環境の整備を目指すモデルルートの取組の推進やサイクルトレインの拡大等を図るとともに、日本を代表し世界に誇りうるサイクリングルートを国内外へPRするナショナルサイクルルート制度を2019年度中に創設し、サイクルツーリズムを推進する。

- スポーツと地域資源を掛け合わせたスポーツツーリズムの取組を活性化させるため、スポーツツーリズムセミナーを開催するとともに、武道ツーリズムを推進する団体の設立に向けて検討会を開催する。また、関係省庁や民間企業等と連携して新たなコンテンツ開発、受入環境整備等を促進するとともに、国内外に更なるプロモーションを展開する。さらに、スポーツと日本の文化芸術の魅力を掛け合わせたスポーツ文化ツーリズムを各地に定着させるため、「スポーツ文化ツーリズムアワード」を実施するとともに、「スポーツ文化ツーリズムシンポジウム」を開催し、受賞事例を多言語で発信する。

- 地方公共団体、スポーツ団体、民間企業（観光産業及びスポーツ産業）等が一体となって、まちづくり・地域活性化に取り組む地域スポーツコミッションが行う、スポーツツーリズムのコンテンツ開発、受入環境整備等の活動を支援するとともに、好事例をウェブサイト等で広く配信する。2019年度は、「スポーツツーリズム需要拡大戦略」（2018年3月公表）に基づき、アウトドアスポーツツーリズム及び武道ツーリズムに係る長期継続的・通期通年型の取組に重点を置いて支援する。
- スポーツツーリズム情報を日本政府観光局のSNSやアプリ等で発信する。また、日本で体験できる各種スポーツ及び着地型・体験型プログラムのツアー情報（開催時期、場所等）を日本政府観光局のウェブサイトに掲載するとともに、ウェブサイトからプログラムの予約ができるようにするなど、海外に向けて情報発信を行う。

アウトドアスポーツツーリズム

日本では、昔から海洋資源や山岳資源を活用し、山登りや海水浴、スキーなどが広く行われていたが、現在では、サップやシーカヤック、そしてトレイルランやヒルクライムレースなど、アクティビティの幅が広がっている。日本の自然は、一般に山が高く、谷が深い高低差にある。よって日本の河川も、大陸をゆっくりと流れる大河ではなく、川幅が狭く流れが急な「暴れ川」が多いため、リバーラフティングのような川下りのアクティビティに向いている。アウトドアスポーツは、「自然資源」を主なフィールドとして行われるが、これに史跡や社寺、そして公園や歴史景観などの「人文資源」を組み合わせることによって、アクティビティに多様な楽しみを与えることができる（コラム3・2（124頁）参照）。例えばサイクルツーリズムの場合、雄大な自然の風景を楽しみ、その土地にある史跡や社寺を訪ね、地元グルメに舌鼓を打つなど、自然資源と人文資源の多様な組み合わせによって、参加者の経験価値を高めることが可能となる。

繰り返すように、日本が幸運なのは、観光資源としての自然資源が豊富にあることと、世界に類を見ない生物の多様性が存在することである。これによって、四季を通じた美しい風景の中で、バラエティに富んだアクティビティを楽しむことができる。生物多様性については、序章において英国と比較したが、ドイツと比較してもその優位性は揺るがない。ドイツの植物は2千632種あるが、日本には5千565種と倍近い種類が存在する。多様な植物は、四季を織りなす日本の美しい風景を構成する重要な要素である。爬虫類についても、ドイツが12種なのに比べ日本は87種、哺乳類はドイツが76種であるのに対し、日本は188種とこれも倍近い種類が存在する。

先進国で野生の猿が生息するのは日本のみで、長野県に来る訪日外国人スキー客に人気がある地獄谷野猿公苑のスノーモンキーは、地域の重要な観光資源である。日本はまた、固有種が多いことで知られており、動植物種の多さで世界遺産に指定されたガラパゴス諸島の110種を上回る131種が存在する。さらに、哺乳類の22％、爬虫類の38％、両生類の74％が日本にしか存在しない固有種であり、虫の声やカエルが鳴く里山の風景など、日本独自の繊細な自然環境を形成している。[注3] ちなみに、氷河によって地表が根こそぎ剝がれたイギリスの固有種は0種である。

このような豊饒な自然を観光資源として活用し、様々なアクティビティを楽しむのがアウトドアスポーツであり、「大自然の中で、刻々と変化する気象条件と対峙し、自分の身体能力と持てる装備（ギア）を最大活用することによって楽しさを追求するアクティビティ」と定義することができる。その中には、制度化された競技としてのトレイルランやヒルクライムレースのほか、レクリエーションとして行われるハイキングやトレッキング、そしてエクストリーム系と呼ばれるマウンテンバイク（ＭＴＢ）ダウンヒルまで、種目の幅は非常に広い。将来的なスポーツツーリズムの発展を考えた場合、世界でも稀な日本の自然資源の豊さに、絶対的な競争優位性が存在することは明白である。よって、これを活用しない手はない。

インバウンド需要の取り込みと中山間地域の活性化

アウトドアスポーツツーリズムは、地方部へのインバウンド誘客や、高齢化と人口減に直面する中山間地域の活性化策としても有効である。日本に存在する固有の自然資源をどのように観光資源化するかは、スポーツツーリズムの振興だけに留まらず、豊かな自然資源を有する地方部が真剣に取り組むべき社会的課題である。例えば全国の森林で事業を展開する「フォレストアドベンチャー」[注4]のように、環境への負荷を最低限に抑えながら森林資源を活用するレジャー施設は、ビジネスとして成立が期待できるとともに、その収益の一部を森林整備費に充当するなど、経済的な好循環をもたらす優れたコンテンツであり、持続可能な森林管理のモデルの実験的施設としても期待されている（写真3・1）。

スポーツ庁は、スポーツツーリズムの需要拡大戦略として、「スポーツツーリズムムーブメント創出事業」（2017年度）をスタートさせたが、その中で、これまで日本に行ったことのある外国人に対して、「スポーツツーリズムに関する海外マーケティング調査」（2018年）を実施し、訪日外国人の意外なニーズを明らかにした。すなわち、「する」スポーツとしてのスノースポーツ＆スノーアクティビティ、登山、ハイキング、

写真3・1　フォレストアドベンチャーにおける事前の安全装置（ビレイシステム）の使用方法に関する説明風景（撮影：原田宗彦）

トレッキング、そしてウォーキングと、「みる」スポーツとしての大相撲と武道（柔道、空手、剣道、合気道など）への関心の高さである。[注5]ここに新しい需要があることを発見したスポーツ庁は、「アウトドアスポーツツーリズム」とともに「武道ツーリズム」のプロモーションに力を入れる方向に舵を切った。

武道ツーリズム

武道ツーリズムは、スポーツツーリズムのフロンティア領域である。日本人の精神世界と深いつながりがある武士道は、水や空気のように我々の生活に深く溶け込み、文化として定着しているが、これまで特に「観光資源」として認識されることはなかった。柔道、剣道、空手、弓道、相撲の練習や試合は、日本人にとっては日常的な風景だが、外国人観光客には、新鮮で興味深い観光アトラクションである。[注6]

スポーツ庁は、武道ツーリズムを「武道や武術の見学や観戦、そして実技体験や施設見学など、発祥の地である日本でしか体験できないスポーツと文化（伝統文化・精神文化）が融合した希少性の高いツーリズム」と定義し、そのフィールドについて「武道館、講道館、国技館などの『聖地』から、各地の道場（県・市町村の施設、大学施設、町道場等）、そして忍者ミュージアムや空手会館などの見学・体験施設まで、多くの場所が含まれる」と指摘した。[注7]

筆者が座長を務めた「スポーツツーリズム需要拡大のための官民連携協議会」（スポーツ庁）では、図表3・1に示すように、武道を、卓越性と精神性が高い漢字の「武道」と、エントリー層にも関心が高く、エンターテイメント的要素を含むアルファベットの「ＢＵＤＯ」を両輪とする一定幅を持つ概念と捉えることとした。図表3・1の左側は、勝敗のある競技としてのオーセンティックな武道であり、競技者と競技観戦者がいて、修練と修行が強調される「真面目」な世界である。その一方右側は、エンターテイメントやレクリエーション的な要素が強い、国内外の観光客向けの体験型BUDOである。この中には、日本泳法や流鏑馬など、武士や兵卒が戦場で戦うために訓練した技芸である「武芸」を始め、忍術やスポーツチャンバラなどが含まれる。さらに、武道の礼節を重んじ、アジアの武術的要素をすべて取り入れた「ワン・チャンピオンシップ（One Championship）」のような格闘技系のイベントも、BUDOの中に含まれる。

　武道ツーリズムは、隠れた観光資源であるが、すでに商品化の動きが活発化しており、例えば、居合道発祥の地である山形県村山市は、「居合抜刀術サムライ体験」を観光商品化し、真剣で試し斬りできるプログラムを提供している。またインバウンド向けの「SAMURAI　TRIP」（サムライトリップ）が、本格的な剣道体験と防具製作工場の見学を合わせたアクティビティを展開する一方、「京都の侍パフォーマンス」や「1日サムライ教

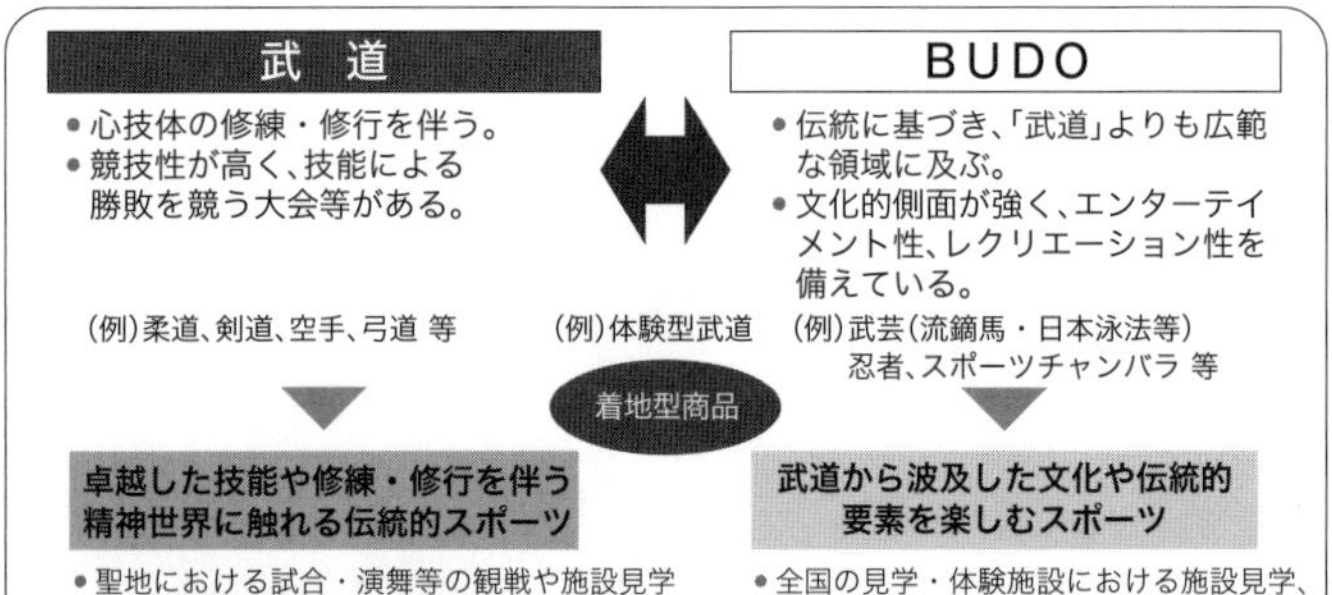
・心技体の修練・修行を伴う。
・競技性が高く、技能による勝敗を競う大会等がある。
卓越した技能や修練・修行を伴う精神世界に触れる伝統的スポーツ
・聖地における試合・演舞等の観戦や施設見学
・各地の道場における練習見学、実技体験、師範等との交流 等
・伝統に基づき、「武道」よりも広範な領域に及ぶ。
武道から波及した文化や伝統的要素を楽しむスポーツ
・全国の見学・体験施設における施設見学、プチ体験、歴史・文化の学習 等
（例）体験型武道
着地型商品

図表3・1　武道ツーリズムの概要：漢字の武道とアルファベットのBUDO

室」（いずれもトリップアドバイザーの「侍剣舞シアター」から検索）など、アルファベットのＢＵＤＯに限りなく近い観光商品が提供されている。

全国各地にある忍者体験プログラムや忍者ミュージアムについても、忍者が実在したという歴史的事実をベースに、そして実際の姿をデフォルメ（あるいはアニメ化）したステレオタイプの忍者像を観光商品化することによって、多くの観光客を集めている。日光江戸村の忍者大劇場で、観光客に向けて行われる忍者パフォーマンスは、典型的な「みる」武道ツーリズムの一つである。

しかしその一方で、アルファベットのＢＵＤＯツーリズムの場合、地域の文化と深い関係を持つ武道が、過度にエンターテイメント化された結果、文化的歪曲という副産物が生まれることにも留意すべきである。特に忍者を使った観光アトラクションの場合、歴史的事実が過度にファンタジー化され、脚色された忍者イメージが世界に向けて発信されているのも事実である。

武道ツーリズムの有利な点は、北は北海道から南は沖縄まで、全国各地に武道の指導者がおり、武道場や武道館が整備されていることである。よって、武道ツーリズムのプロモーションに必要な人的なインフラや施設には事欠かない。沖縄県では、空手を観光資源化するために、「沖縄空手」という名称で様々な流派を統一し、ブランド化を進めてきた。筆者も委員として加わった「沖縄空手ブランディング検討委員会」（２０１５年度）がその仕事を担ったが、その後、県の文化観光スポーツ部の中に空手振興課を設置するとともに、沖縄空手の聖地として、ミュージアムを併設した「沖縄空手会館」を建設した。この施設は、試合・演武の鑑賞と観戦、実技体験、そして師範などの高段者との交流など、空手修行や空手体験を通した沖縄文化の理解促進を図る拠点として、重要な役割を担っている。

２０２０年に第17回目を迎えた青森県十和田市発祥の「スポーツ流鏑馬《やぶさめ》」は、国内の武道ツーリズムが認知される先駆けとなった大会であり、スポーツ庁、観光庁、文化庁の3庁が連携して行う「スポーツ文化ツーリズムアワード」で、第一回文化庁長官賞（２０１６年）を受賞した。流鏑馬は、神事として日本全国で広く行われているが、地元の十和田乗馬倶楽部が毎年4月に主催する「桜流鏑馬」は、日本で唯一女性のみが参加できる、勇壮にして華麗なスポーツイベントとして、多くの観光客を魅了している。会場では馬とのふれあいコーナーも設けられており、人馬一体となった日本の武道文化を発信する貴重な体験の場を提供している。スポーツ流鏑馬のように、漢字の「武道」とアルファベット「ＢＵＤＯ」のバランスがうまくとれたアクティビティの開発が、今後の武道ツーリズム発展の鍵を握ると考えられる。[注8]

コラム
3・2

観光資源大国日本

日本は、石油や天然ガスなど、エネルギー資源に恵まれない資源小国と言われているが、こと自然資源に関しては世界に誇るべき多様性を備えており、これがアウトドアスポーツの可能性を広げてくれる。日本の観光資源には、「自然資源」と「人文資源」がある。前者には、山岳、高原、原野、湿原、湖沼、渓谷、滝、河川、海岸、岬、島、岩石、洞窟、動物、植物、自然現象があり、後者には、史跡、社寺、城跡、城郭、庭園、公園、歴史景観、地域景観、年中行事、歴史的建築物、現代建造物、博物館・美術館などがある。実際、日本にないのは砂漠と氷河だけと言われているほど網羅的である。アウトドアスポーツに紐づく「自然資源」を見てみると、図表3・2に示すように、「海洋資源」「山岳資源」「都市近郊資源」「氷雪資源」の四つに分けることができる。図表の右側に示すのが、それぞれの資源を活用したアクティビティの例である。

図表3・2　観光資源大国日本が持つ4つの自然資源とアクティビティ
(出典：国土交通省ウェブサイト[注9]に加筆)

資源	概要	アクティビティ（例）
海洋資源	島の総数は6千852で、総面積は約38万平方キロメートルと小さいが、複雑なリアス式海岸は所々にあって、海岸線の総延長は3万5千キロメートルに及ぶ。北は宗谷岬の北緯46度から南は北緯20度の沖ノ鳥島、西は東経123度の与那国島から東は東経158度の南鳥島まで広大な海域を囲み。、排他的経済水域（EEZ：Exclusive Economic Zone）の総面積は陸地面積の10倍以上の447万平方キロメートルで、世界6位にランクされる。	マリンレジャー セーリング クルージング スキューバダイビング SAP シーカヤック スポーツフィッシング
山岳資源	気候的には北海道および本州の高山は亜寒帯に、南西諸島と小笠原諸島は亜熱帯に属し、それが本邦の自然環境を極めて多様にしている。列島の平均雨量は1千6百ミリメートルあって湿潤気候となり。日本全体が生態学的に森林が発達する条件を備えている。そのため国土の3分の2が森林で覆われている。	トレッキング ハイキング トレイルラン ジップライン
都市近郊資源	都市近郊にも豊富な資源がある。例えば東京の場合、都心から中央線で1時間ほどの距離にある高尾山は標高6百メートルの低山に過ぎないが、冷温帯と暖温帯の境界線上に位置することもあり、多様な植物が分布し。約1千2百種の植物がある。	ハイキング トレイルラン
氷雪資源	日本が世界に誇る自然資源が雪である。北海道の札幌市は1シーズン約6メートルの降雪があり、市内から30分の距離に良質な雪のあるスキー場が位置している。さらに貯蔵庫に冬の間に積もった排雪を貯め、夏の冷房に利用する技術も進化している。ニセコや野沢温泉スキー場は、パウダースノーで知られ、多くの外国人スキーヤーが訪れる。	スキー スノーボード スケート スノーモービル クロスカントリースキー

2 サイクルツーリズムの拡大

サイクルツーリズムとは

サイクルツーリズムは、「サイクリング」と「ツーリズム」が合体した新しい概念であり、近年の自転車ブームを背景に急速に関心が高まっている。自転車は自動車と異なり、ペダルをこぎながら、全身で風を感じ、風景を楽しみ、自然の芳香に感動することができる。これにツーリズムという新しい要素を結合させることによって、家を出た瞬間から、五感を総動員した多様な観光体験を享受することが可能となる。

また地域活性化の視点から、行動範囲が広いサイクルツーリズムの普及が、オーバーツーリズム（観光公害）の緩和や、隠れた地域観光資源の発掘にも役立つことが理解され始め、興味を持つ自治体の数も増えつつある。大型バスや自家用車で移動できるのが、国道や高速道路を使う「動脈型観光ルート」だとすれば、自転車が通行可能な道は（地域の隅々まで広がる）「毛細血管型観光ルート」であり、その先にある風景や風土の発見が、思わぬ地域観光資源の発見に結びつく可能性がある。

２０１８年に行われた「サイクリスト国勢調査[注10]」によれば、サイクルツーリズムは「生活圏ではない地域を訪れ自転車で走ること」と定義されており、日常生活圏からの離脱を強調している。別の言葉で説明すると、サイクルツーリズムは、宿泊をともなった、あるいは日帰りで行う、自宅から離れたレクリエーション目的の旅行であり、遊びが基本となる「レジャーサイクリング」である。この点、ロードレースやエンデューロレースといった競技としてのレースへの参加とは、モチベーションの面で本質的に異なる。

サイクルツーリズム人気拡大の理由

サイクルツーリズムに参加する「サイクルツーリスト」については、居住地から50キロメートル以上離れて、サイクリングに関するアクティビティに参加する人と、それを観戦する人の両方を含むという定義[注11]も存在するように、自宅周辺を自転車で散策するようなアクティビティは、サイクルツーリズムとは呼ばない。さらにサイクルツーリストには、距離やコースの走破を狙う「スポーツサイクリスト」、ポタリング（散歩するようにゆっくりと自転車で走ること）などの楽しい経験を求める「プレジャーサイクリスト」、そして家族とのレジャーに重きを置く「ファミリーサイクリスト」の三つのタイプに分類することができる。

サイクルツーリズムが広がりを見せている第一の理由として、参加に対する障壁の低さがある。自転車は日常的生活で使う交通手段の一つであり、自転車に乗ることができれば、年齢や性別、そして体力や持久力に関係なく、誰でも、いつでもサイクルツーリズムに参加できる。よってサイクリングコースや案内板の整備、サイクルステーションの設置、そしてレンタルサイクルの貸出所等の整備が進めば、今後さらに広がる可能性を秘めている。

第二の理由として、近年の自転車ブームを支えるギア（装備）であるスポーツバイクやサイクルウェアの供給増がある。（財）自転車産業振興協会が行った国内販売動向調査によれば、クロスバイク、マウンテンバイク、ロードレーサーを含むスポーツバイク国内販売台数は、2003年から2013年の間に3・5倍に急伸しており、横ばいを続ける「その他の自転車」（シティ車、ホーム車、マウンテンバイク）を大きく上回っている。さらにスポーツバイクの中でも高価な、ロードバイクに人気が集まる傾向が強いが、これはT・ベブレンが言うところの「みせびらかしの消費」（衒示《げんじ》的消費）との共通点も多く、比較的ハイエンドの消費者を引き付け、売上高の上昇に貢献している。サイクルウェアに関しても、需要の高まりに呼応する形で、デザイン性に優れたウェアがサイクルショップやメガストアに数多く陳列されるようになったのは、ごく最近のことである。

第三の理由としては、国が主導する自転車の活用を推進するための法整備の進展がある。政府は、2017年5月1日に、健康増進や交通の混雑の緩和とともに、二酸化炭素も排出せず、騒音や振動の発生も心配ない自転車活用を推進する「自転車活用推進法」を定めた。この法案の特徴は、自転車の活用を総合的かつ計画的に推進するためのガイドラインをつくる「国の役割」と、それぞれの実情に応じた具体的な施策を実施する「地方自治体の役割」を分けたところにある。[注12]

これによって地方自治体は、実情に応じて自転車専用レーンをつくり、シェアサイクルを導入し、自転車イベントを開催するなど、自転車をよりよく使うための施設（インフラ）の充実に向けた動きを促進するための法的なバックアップを得ることができた。これまでの自転車に関する法律は、自動車優先社会における「対策法」であり、(例えば二人乗り禁止のように) 道路の秩序を保つための規制の法律であったが、今回の法案によって、流れが180度転換することになった。

サイクルツーリズムの受け入れ体制の整備

サイクルツーリズムの人気が高まり、自治体が自転車を使った地域活性化プランの策定に熱心になるにつれ、全国各地でサイクルツーリストの受け入れ体制の整備が進展した。その一つがコースの整備である。

自治体やサイクリングの推進団体が、サイクリングコースを認定・整備し、域外から多くのサイクリストを呼び込もうとする動きは、自転車ブームに乗って全国に広まりつつある。その中で、サイクルツーリズムの火付け役になったのが、瀬戸内海を横断し広島県と愛媛県を結ぶ約70キロメートルのサイクルルートとして知られる「しまなみ海道」である。訪日外国人にも人気があり、ルートの起点である尾道市では、外国人客数が27万人 (2016年) を数え、2012年と比較して4倍の増加となった。その背景には、サイクリストの休憩スポットである「サイクルオアシス」の設置や、自転車の修理に対応した「島走レスキュー」と呼ばれるタクシーの導入など、サイクリストの目線を大切にした顧客志向の取り組みがある。本州四国連絡道路の自転車歩行者道を活用したルートは、前後区間も合わせた路面表示や看板設置によって、雄大な景色を楽しみながら走ることができる「一気通貫のサイクリングロード」に変貌したのである。

その一方「奈良県自転車利用促進計画」（平成22年）のように、県レベルで計画を策定し、自転車での周遊観光を本格化させた自治体もある。サイクリングルートの愛称は公募され「奈良まほろばサイク∞リング」（略称「ならクル」）と呼ばれる複数のコースが誕生した。県が公式サイトなどで公開・頒布している「ならクルマップ」には、ルート周辺の見どころをはじめ、距離や標高差、自転車や手荷物の配送サービス、サイクリスト向けの宿泊施設などが紹介されている。ならクルには、県内に網の目のように張り巡らせた30以上のルートがあり、その中には、「法隆寺ルート」「室生寺ルート」「竜田川ルート」「吉野川ルート」といった著名な史跡や観光スポットを結んでいるものもある。

コースの整備ではないが、自転車愛好家の間で定着している湖や島を一周するルートに愛称を付け、それらのルートを、サイクリングやポタリングの周遊コースとしてブランド化する動きも活発化している。例えば、湖岸延長国内トップ3として「ビワイチ」（琵琶湖一周）、「カスイチ」（霞ヶ浦一周）、「ハマイチ」（浜名湖一周）などがよく知られているが、最近では、3湖連携のサイクルツーリズムの振興の会議が開催されるなど、周遊コースが協力して自転車活用の輪を広げる試みも行われている。

サイクリングコースを走る人たちの達成感を高めるために、コース走破を認定する事業も広がりを見せている。前述した「ビワイチ」の場合、「輪の国びわ湖推進協議会」（守山市）が提供している「ビワイチ認定証」が発行される。琵琶湖は1周約200キロメートルであるが、これは琵琶湖大橋から南にある「南湖」も走る場合であり、自転車道の整備が進んでいる「北湖」だけならば、1周150キロメートルという距離である。認定証の発行数は右肩上がりで増加しており、参加者にとって有効なインセンティブとなっている。ビワイチ達成を申請した人に発行した認定証の発行数は、２０１０年度の３８２件から17年度の約1千７８２件まで４・７倍に増えている。

コラム3・3

ナショナルサイクルルート

ナショナルサイクルルートは、日本のサイクルツーリズム推進のために、自転車活用推進本部（国土交通省）が創設した世界に誇るサイクリングロードを国内外にＰＲするための制度である。２０１９年９月に、（１）つくば霞ヶ浦りんりんロード（茨城県）、（２）ビワイチ（滋賀県）、（３）しまなみ海道サイクリングロード（広島県、愛媛県）の３ルートが指定された。これらのルートの指定要件は、「ルート設定」（魅力的で安全であること）、「走行環境」（安全・快適に、そして迷わず安心して走行できること）、「受入環境」（多様な交通手段に対応したゲートウェイが整備され、休憩や宿泊が可能、そして地域の魅力を満喫しつつ地域振興にも寄与できる環境を備え、自転車のトラブル対応や緊急時のサポートが得られること）、「情報発信」（容易に情報が得られる環境を備えていること）、「取組体制」（官民連携によるサイクリング環境の維持等に必要な取組体制が確立されていること）の六つである。

今後、指定されるルートが増えることによって、自転車後進国と呼ばれる日本のサイクリング環境が、大きく改善されることが期待される。

以下は、ナショナルサイクルルートのロゴマークである。

図表3･3
ナショナルサイクルルートのロゴマーク
（出典：国土交通省「ナショナルサイクルルート」ウェブサイト[注13]）

サイクリスト向けの宿泊施設の認定と専用施設の整備

宿泊をともなうサイクルツーリズムの場合、ホテルや旅館における自転車の保管という問題が生じる。現在のところ、自転車を部屋に持ち込むことを認める宿泊施設はそれほど多くない。高価な愛車は身近な場所に保管したいというのがサイクリストの心情であり、盗難や破損の心配なく、自転車とともに旅行を続けることができるというのが理想である。そのようなニーズに応えるために、「サイクリストウエルカム基準」を満たす宿泊施設を紹介したウェブサイト（Cyclist Welcome.jp）がある。客室への自転車の持ち込みや、修理のための専用スペース、そしてサイクリングのためのルートマップ等の案内書の設置などの項目を満たせば認定を受けることができる。２０１８年現在、全国で11エリア44施設が認定を受けている。

その一方、地方創生拠点整備交付金[注14]を活用して、サイクルツーリストの専用宿泊施設を設置する動きも具体化している。例えば美唄市は、北海道で初めてサイクルツーリストの専用宿泊施設を、温浴施設の宿泊棟に増築した。同市は、美唄炭鉱で栄え、最盛期には9万5千人の人口を有したが、その後人口は大きく落ち込み、現在は2万5千人と、消滅の可能性が危惧される都市の一つである。人口減と高齢化、そして産業の衰退という負の連鎖を断ち切るために、美唄市が取り組んでいるのがサイクルツーリズムの振興であり、２０１８年4月には、国の地方創生拠点整備交付金を活用して、サイクルツーリズム推進のためにサイクリスト専用の宿泊施設をオープンした。この施設には、レンタサイクルターミナル、ラウンジ、リペア（修理）スペースがあるほか、部屋にはサイクルハンガーが設置されており、階段に設置されたスロープを使って全部屋に自転車を持ち込むことができるなど、サイクリストファーストの施設となっている。

サイクルツーリズムの社会的インパクト

サイクルツーリズムが全国に波及するにつれ、将来的な発展を組織的に支援する必要性が生まれた。2017年9月には、観光庁の平成29年度「テーマ別観光による地方誘客事業」に採択された事業を契機に「全国サイクルツーリズム連携推進協議会」が設立された。事務局は、全国各地で「ツール・ド・ニッポン」という自転車イベントを開催する「一般社団法人ルーツ・スポーツ・ジャパン」が担当する。

2017年度は、ツール・ド・ニッポンと連携しながら、「ガイド付きサイクリングツアーの実施」「サイクリングガイド（呼称：ツール・ド・ニッポン・エスコートライダー）の養成」「イベント参加者モニタリング調査」「外国人サイクリストのモニタリング調査」「情報の核となるWEBサイトの整備」といったイベント以外の取り組みによって、各地に日常的・通年的にサイクリストを呼び込む仕組みを構築した。[注15] さらに、それぞれの事業で得られた知見やノウハウ、そして成功事例や失敗事例を加盟地域内で共有し、各地の地域活性化へつなげることを目的に定めた。

サイクルツーリズムの発展は、今後の自転車を活用したまちづくりにも好影響をもたらしている。特に前述の「自転車活用推進法」の整備がトリガーとなり、より多くの人が日常的に自転車に親しむ社会をつくるための新しい取り組みが始まっている。例えば、「東京都自転車活用推進計画」（2019年3

月）は、２０２０年東京オリンピック・パラリンピック大会を契機として、東京都の区域の実情に応じた自転車の活用の推進に関する施策を定めたものであり、目指すべき将来像として以下の４点が強調されている。[注16]

・環境形成：様々な場面で自転車が利用される将来（⇓まちづくりと連携することで自転車通行空間の創出を図る）
・健康増進：自転車で心身共に充実した日常生活が送れる将来（⇓サイクリング環境の創出に注力）
・観光振興：国内外の旅行者が自転車で観光を楽しめる将来（⇓歴史的な街並みや文化・芸術施設、水辺空間などが融合した都市を自転車で巡る機会を提供）
・安全・安心：安全・安心に自転車が通行できる将来（⇓学校、家庭、地域・社会が全体で自転車利用の安全教育を進める）

コラム 3・4

サイクルトレイン

サイクルツーリズムの展開において、足枷となっているのが自転車の移送手段である。一番楽な方法は、ツーリストが目的地まで移動して、現地で自転車をレンタルすることであるが、日頃から慣れ親しんだ愛車を使いたい場合、自転車を目的地まで移動させなければならない。自宅から目的地まで自転車に乗って移動することも可能だが、そうでない場合、保有する自転車を車に積んで移動するか、自転車を分解して輪行バッグに詰めて電車で運ぶか、配送業者を使って移送する必要が生じる。宅配などの配送業者を使う場合、依頼者が段ボールで梱包しなければならず、パッキングの手間や高額な輸送費等が発生することになる。またサイクルショップの中には、配送を代行してくれる店舗もあるが、その場合も高額な手間賃が発生する。そこに登場したのが、サイクリストが愛車とともにストレスなく移動できる「サイクルトレイン」である。国交省の資料によれば、2016年（1月〜12月）に全国52社62路線で実施された。この場合、各鉄道事業者は、利用実態に応じて自転車の持ち込みを認める曜日・時間帯・スペースを限定し、自転車固定器具の車内への設置や駅員による乗降補助を行うとともに、マナー向上と相互理解の促進のために車内アナウンスやポスター掲示などを行っている。ただし、通年の運行ではなくイベント開催に合わせた臨時運行などの対応を行うなど、あくまでスポット的な対応を取っているのが現状である。

そのような中、サイクルツーリズムの活性化において画期的な出来事が起きた。それが2017年12月5日にJR東日本がデビューさせたサイクルトレインの「B・B・BASE」（「房総バイシクルベース」の略称）である。**写真3・2**および**写真3・3**に示すように、自転車を折りたたまずに輪行できる専用電車を東京の両国駅と、千葉の館山駅間で運行し始めた。B・B・BASEのルートは「内房」「外房」「佐原」「銚子」が設定され、週替わりで運行を行っている。例えば内房ルートを使ったツアーの場合、参加者は、愛車と一緒に両国駅から館山駅まで片道約2時間の電車の旅を楽しみ、その後館山駅から海岸線を走り、南房総の西岸に位置する洲埼《すのさき》灯台までサイクリングを楽しむという内容である。

写真3･2　Ｂ. Ｂ. ＢＡＳＥの外観
（撮影：原田宗彦）

写真3･3　Ｂ. Ｂ. ＢＡＳＥの車内
（撮影：原田宗彦）

3　スノーリゾートの復活

仏壇技術とスキー板

日本のスキーの歴史は古い。古くから仏壇を名産品とした長野県の飯山には、小賀坂やスワローなど、名だたる国産スキーのメーカーが存在していた。国産スキーの第一号メーカーである小賀坂スキーは、1912年（明治45年）の創業で、名産品である仏壇づくりの技術が、スキー板のエッジをつくったり、木を曲げたりする技術などに活かされたという。最盛期には15もあった飯山のスキー工場だが、その後の不況やスキー人気の低迷、海外ブランドの浸食によって次々に閉鎖に追い込まれ、現在では小賀坂スキーの工場だけとなっている。

スキー板の需要増は、スキーヤーの購買行動に支えられているが、80年代後半から90年代に起きたバブル景気を境に、日本におけるスキー・スノボ人口は大きな落ち込みを見せる。1993年には1千8百万人に達したスキー人口は、その後は減少傾向となり、2016年には580万人とピーク時の3割程度まで減少する。スキーの実施率に関しては、1994年の10・9％がピークであり、2013年には5・9％にまで減少するなど、スキーやスノボはもはや若者の必須アイテムではなく、数多くの余暇活動のオプションの一つに過ぎなくなっている。

スキー場の盛衰

これまで日本では、大きく分けてスキーブームが3回あったとされる。最初は、戦前の1930年代で、国策として本格的リゾートホテルが各地に建設された。当時、スキー人気の高まりと、四季を通じた外国人観光客の取り込みに向けて、鉄道省国際観光局が「国際スキー場」計画を策定したが、その頂点に立つのが1935年に開場した「上信越国際スキー場」と「赤倉観光ホテル」である。このホテルは現在も営業を続け、クラシックホテルとして根強い人気を誇っている（写真3・4）。

2度目のブームは、終戦後から1970年代にかけてであり、各地で小規模スキー場の建設が進み、高度経済成長とともにスキーが大衆的な冬のスポーツとして全国へ広まっていった。東京から比較的アクセスが良い上越沿線の場合、終戦のわずか2年後（1947年）に、湯沢や石打周辺に六つのスキー場がオープンしており、1972年までに31のスキー場が建設されるなど、その後の急成長に向けた助走が始まった。そして80年代から90年代前半にかけて、3度目のブームが押し寄せる。いわゆるバブル景気であり、土地取得

写真3・4　1937年に建てられた赤倉観光ホテル
（出典：赤倉観光ホテルウェブサイト[注17]）

や許認可が容易なことから、第三セクター方式によるリゾート開発競争が激化することになる。

日本のスキー場開発の問題点は、マーケティングの不在にあり、経済発展の尻馬に乗り、市場の動きを無視した過剰投資が横行した結果、苦境に陥ったスキー場が多数ある。現在、国内には約430カ所のスキー場があるが、特にリフトが3本程度の小規模スキー場が苦しい経営を強いられている。所有者である自治体や第三セクターが、小規模のスキー場を赤字でも維持している理由は、廃業時の原状復帰に費用が掛かるというのが最大の理由である。そこに費用を掛けるぐらいなら、多少の赤字を覚悟で営業を続けるほうが地域にとって良いというのが、所有者である自治体や3セクのマインドセットである。

その一方で、赤字の垂れ流しが許されない民間事業者の場合は、素早い経営判断によってスキー場の廃業が実行に移される。例えば1987年に開設された秋田県北秋田市の「森吉山スキー場」は、抜群の眺望と良質のパウダースノーが売り物で、地域活性化の中核施設として期待されていたが、スキー客の減少による採算割れのため、2007年3月に廃業が決まった。2010年には、リフトや宿泊施設の解体・撤去とゲレンデ跡地の植栽作業が終了したが、これは所有者である西武ホールディングスの経営判断である。国有財産法に基づいて、借りていた国有林の一部（約43ヘクタール）を原状回復するために、約4万本のカラマツや広葉樹を植栽し、2013年6月末まで下草刈りなどの管理を行った。

スキー場を取り巻く厳しい環境

日本のスキー場の多くは、リフトがある山岳地帯と麓《ふもと》の集落で成立しており、美しい風景や良質な雪以外、これといった産業を持たない場所が多い。スノービジネスを支える人々は、夏は畑を耕し、冬は自宅を兼ねた民宿とスキー関係の仕事で稼ぐ、兼業農家的ビジネスモデルで成長を続けてきた。今でも各地に残る村営・町営スキー場の多くは、このような地域の人々によって支えられている。

雪は、日本が持つ重要な観光資源であり、スノービジネスには大きな可能性が含まれている。意外と知られていないが、世界で最も降雪量が多い地域は、一番が青森で約8メートル、二番が札幌で約6メートルである。以下、カナダやアメリカが続くが、雪と関係のあるアクティビティや生活文化は、日本が持つ競争優位性の一つである。ちなみに同じ島国の英国は、メキシコ湾流や温かい風を運ぶ偏西風の影響で降雪量はとても少なく、スキーやスノボといったスノースポーツは低調である。リフトが5基以上あるスキー場は、スコットランド北部に5カ所あるだけで、世界2位を誇る日本の279カ所とは対照的である（1位はアメリカで356カ所）。しかしながら、日本のスキー場も、高齢化による民宿経営の行き詰まりと後継ぎ問題、スキーインストラクターの不足、若者世代におけるスキー人気の低下など、経営的に厳しい環境が続いている。

スキー・スノボ人口は、最盛期の3割程度にまで減少したが、スキーヤーやスノーボーダーはある日突然消えたのではなく、90年代半ばより、ゆっくりとしかし確実に減少していったのである。冬になると雪が降り、スキー客が当然のようにやってくるという「右肩上がりの需要」に支えられた成功体験から脱却できない経営者マインドが、イノベーションを阻害し、スキー産業全体の疲弊化現象が起きたのである。あえて厳しい言い方をすれば、索道事業者[注18]、宿泊業者、スキーレンタル業者、スキースクール事業者等のスキー場関係者は、一致団結して「スキー場の全体的価値」を高める手段を持たず、自分たちの利害だけを主張し、事業の衰退を止めるための有効な策を打ち出すことができなかったのである。

しかしながら、2014年あたりから、スキー・スノボ人口の減少に歯止めがかかるようになる。その理由の一つが、中産階級が増えたアジアからのインバウンドスキー客の増加である。日本では豪雪地帯と呼ばれる地域があり、雪かきや除雪に多大な労力と税金がかかるため、雪をやっかいもの扱いする傾向があるが、雪が降らない東南アジアの人にとって、天然雪は魅力あふれる観光資源である。雪深い秋田県の乳頭温泉には、多くのインバウンド客が訪れるが、インスタ映えする温泉の雪景色は、あこがれの訪問地となっている。

スキー場からスノーリゾートへ

スノーリゾートは、「スキー滑走だけでなく、幅広く種々の体験ができる地域」と定義され、スキー場のコース滑走だけでなく、雪遊びやスキー場外の雪道散策、地域の自然・歴史文化などの体験、そしてスキー場周辺の街中での食事や買物、宿泊、地元の人との交流等など、幅広い観光体験ができる場である。欧米には、ツェルマット（スイス）やシャモニー（フランス）、そしてベイル（北米）のように、広大なスキーの中に、一流ホテルやレストラン、そしてショッピングのエリアが配置され、デジタル情報化された共通のリフト券によって、顧客管理とマーケティングが行われているスノーリゾートが存在する。

日本においても、後述する白馬バレーや野沢温泉のように、スキー場全域が一体管理され、スノーリゾートと呼べる地域も増えてきたが、このようなスキー場はごく一部で、顧客データベースの管理やマーケティングに対する意識は低いままである。今後の方策としては、一つの山に存在するスキー場の統合によるワンブランド化と、共通シーズンチケットの販売のように、スケールメリット（規模の経済）を活かしたマーケティングが必要となる。

ツーリズムにおいては、地域の滞在時間と旅行消費の間に強い相関が存在するため、旅行者の滞在期間を長期化させることは、観光政策上重要な課題である。よって日本のスキー産業は、日帰り行楽地としてのスキー場ではなく、長期の滞在が可能なスノーリゾートに活路を見出すべきである。そこで注目されるのが、長期間の滞在を可能にする、自然や文化等を活かした「体験型コンテンツ」であり、アウトドアスポーツ等のアクティビティである。特に冬の滞在においては、長期滞在者にとってスキーをしない日の過ごし方や、スキー以外のアクティビティの充実が重要である。[注19]

白馬バレーの挑戦

スキー場からスノーリゾートへの転換が図られる中、複数のスキー場を一括して運営する事業者が登場した。それが白馬観光開発株式会社で、２０１６年シーズンより、白馬エリアで10のスキー場にエリア内共通の自動改札システムを導入し、滑走可能面積とコースリフトの数で国内最大規模となる「ＨＡＫＵＢＡ　ＶＡＬＬＥＹ」（白馬バレー）を、一つのブランドに統合した。さらに２０１８年シーズンには、日本、北米、オーストラリア、欧州などのリゾートで使用可能な国際スキーシーズンパスの「Epic Pass」と提携するなど、スケールメリット（規模の経済）を活用した経営を続け、2018－2019シーズンには、対前年比11％増の36万7千人の外国人スキーヤーの訪問を実現した。

その後も攻めの経営は続き、2019年シーズンには、白馬バレーに加盟する「白馬岩岳スノーフィールド」において、新しいVIP向けのサービスを開始した。目指したのは世界水準のホスピタリティサービスで、タイプの異なる三つのVIPラウンジ（中腹レストハウスの「メインラウンジ」、山頂レストハウス内の「ピークラウンジ」、山麓ベースタウン内の「MARUHACHIラウンジ」）の利用、ゴンドラやリフトの優先搭乗、ピックアップサービスやプライオリティパーキング、スキーバレー＆クロークサービスといったラグジュアリーなどが含まれている。ターゲットは海外富裕層と、スキーだけではない、一味違った価値あるスキー経験を求める日本人である。

今後は、スキー産業の復活に向けて、営業時間の延長、従業員のホスピタリティ向上とマルチタスク化、スクール事業のインハウス化、複数のスキー場の共通リフト券の発行とワンブランド化、そして海外のスキー事業者との連携など、次々と新しい打ち手を繰り出して業績を回復させる必要がある。

国際的なスノーリゾートとしての可能性

白馬バレーに続き、大きな可能性を秘めているのが、パウダースノーや豊かな食文化、そして冷涼な気候と美しい自然観光資源を持つ北海道である。世界を見渡しても、札幌市のように190万人が住み、冬になると街全体がすっぽりと雪に覆われ、2万3千室の客室を備える観光都市はほかにない。札幌市と同じ北緯43度に位置する世界都市としては、世界中の金持ちが集まるモナコやフランスの港湾都市のマルセイユがあるが、ともに雪に覆われるというイメージはなく、むしろヨーロッパの避寒地のイメージが強い。

札幌が持つ国際的な競争優位性は、これに留まらない。スキー場までの距離が近いという利点がある。札幌国際、テイネ、ニセコなど、1〜2時間もかければ2千メートルの高さでパウダースノーを楽しむことができる。それに比べ欧米では、大都市からスノーリゾートに行くには平均で5〜7時間かかり、雪がある3千メートルの山腹まで行くには、さらにロープウェーや登山列車を乗り継がなくてはならない。このようなアクセスの良さと、パウダーという雪のクオリティの高さが、多くの外国人スキーヤーを北海道に呼び込む要因になっている。

筆者は、札幌市の「冬季オリンピック・パラリンピック開催概要計画検討委員会」の委員長として、2026年大会のコンセプトをまとめた。そこで強調したのが、アジアにおけるスノーリゾートの中核を目指す「ウィンタースポーツ都市としての地位の確立」であり、開催概要計画では「基本理念3：目指すべき姿」として以下のように記述された。

2018年平昌大会や2022年北京大会などの開催を通じて、今後、アジアにおけるウィンタースポーツは飛躍的に発展することが予想されます。札幌において、オリンピック・パラリンピック大会に向けたウィンタースポーツの拠点として環境を充実していくことで、アジア、そして世界に誇るウィンタースポーツ都市としての確固たる地位を築きます。[注20]

グリーンシーズンの活性化

日本のスノービジネスにおいて特に重要なのが、スキーゲレンデとホテルの通年利用であり、雪がないグリーンシーズンの活性化である。四季を通じた営業は、従業員の雇用を守るという点でも不可欠の要素であり、冬の間、農家が民宿を営み、家族がインストラクターとしてスキーを教えるといった、古き良きスキー場の経営は行き詰っている。

実際、雪がないシーズンも、ゴンドラやリフトを稼働させることが重要で、夏の山岳レジャーに力を入れる必要がある。登山やトレッキングはもとより、ゲレンデに造成したユリ園やお花畑での写真コンテスト、山頂の絶景テラスの設置や星空観察会のほか、マウンテンバイクコースやオートキャンプ場の開設、グランピングやジップラインで遊べるフォレストアドベンチャ

写真 3·5　ハクバ・マウンテン・ビーチの CG イメージ
(出典：ハクバ・マウンテン・ビーチのウェブサイト[注21])

ーなど、およそ考えられるアウトドアスポーツのアクティビティは、ほぼすべての夏のゲレンデに導入されている。その極めつけは、八方尾根の兎平ゲレンデに設置された「ハクバ・マウンテン・ビーチ」である。これは、標高1千4百メートルにあるサウナやジャグジーを備えたオープンテラスの温浴施設であり、四季を通じて営業ができる点と、山に登る理由をつくったという点で、これまでのスキー場にはなかった実験的な施設である（写真3・5）。

インバウンドスキー客の実態

これまでスキーやスノボをする外国人に関するデータはほとんどなく、マーケティングを行うにも顧客情報は不足していた。そこで筆者の研究室では、2018年に株式会社野沢温泉と共同で、欧米人スキー客に対する対面調査を実施した。205名の回答者のうち、約6割が豪州、3割がその他欧米諸国で、アジアが約1割であった。同行者については友人もしくは家族が全体の8割を占めたほか、旅行形態は全体の約9割が個人手配による旅行で、情報源は全体の約4割が友人・家族による口コミ、約3割がウェブサイトであった。また大部分が家族・友人と来ており、同伴者の平均人数は4.75人であった。

職業に関しては、医者、弁護士、会計士などのプロフェッショナルが多いが、その反面、学生やごく普通の給与生活者も多く、収入に関しては2極化している。実際調査で回答のあった個人収入については、5万ドル以下が約半数を占め、平均で約8万ドル程度であり、富裕層から学生まで顧客層の幅は広い。

初めて野沢に来た人は約6割で、残りはリピーターであった。野沢での滞在は、平均が7・9泊で、来た最大の理由は、「友人・家族の勧め」「歴史ある温泉街の雰囲気」「雪質」であった。また、全体の約3割が東京を、そして約1割が白馬を訪問しており、都市型観光と組み合わせたり、近隣スキー場の周遊を行ったりするなど、野沢温泉を中心に分散傾向がみられる。それゆえ、スポーツツーリストの増加は、訪問地におけるさらなる消費誘導効果をもたらす可能性がある。

コラム 3・5

中国における氷雪スポーツ産業の発展

今後の日本におけるスノーリゾートの発展は、経済発展が著しいアジア全域からのインバウンドスキー・スノボ客の増大に大きな影響を受けるだろう。その中でも特に、2022年北京冬季五輪大会の開催が決まった中国は、順調な経済発展による「小康社会」(少しゆとりがある社会)への移行とともに、国家的な「氷雪スポーツ産業」の育成に取り組み始めた。

その第一歩が、中国国家体育総局が策定した「冬季スポーツ発展計画(2016~2025)」および「全国氷雪スポーツ施設建設計画(2016~2022年)」である。これらの計画のベースになるのが、冬季スポーツ愛好者の増大であり、2025年までに直接的参加者を5千万人以上、間接的参加者を3億人以上にする計画を立案した。さらに冬季スポーツ産業を、2020年に6千億元（1元15円として約9兆円）、2025年には1兆元（約15兆円）に育てるほか、国際スポーツイベントの誘致やスキー場やスケートリンクの建設にも力を注ぐ。さらに学校教育においても、2020年までに2000校の冬季スポーツ重点校を設置するとともに、「氷雪スポーツの学校教育ガイド」の編纂と「学校冬季スポーツ科目専業・兼業教員」の育成（2020年までに5千人）など、競技、レジャー、教育の3方向から総合的にウィンタースポーツの普及を目指す指針が打ち出された。

このような国家的な支援は、中国のスキー産業の飛躍的な発展をもたらした。「中国スキー産業白書2018」によれば、2000年の時点で、中国にあるスキー場はわずか50カ所で、スキーヤーの数はのべ30万人程度であったが、2018年になると、スキー場の数は、742カ所、スキーヤー総数は延べ2千113万人へと急増した。しかしながら、中国のスキーは、日本人が考える宿泊を伴ったスキー旅行ではなく、大半は雪遊びの段階に留まっている。リフトを複数持つある程度の規模を持ったスキー場になると、2018年現在で149カ所程度しか無く、ワイヤーに繋がったTバーリフトや、スキーを履いたまま乗れる、動く歩道のようなマジック・カーペットが主流で、ファミリーゲレンデのような「雪遊び場」が大部分を占める。ただし今後、中国のスキー人口が飛躍的に増え、経験を積んだスキーヤーが増えれば、中国にないパウダースノーを求めて、大挙して北海道や長野県にやってくる未来が予想できる。

4　スポーツ×文化×観光の可能性

導入期から成長期への移行

現在のスポーツツーリズムは、導入期を経て成長期に移行し始めている。ＪＳＴＡは、日本のスポーツツーリズムを推進する組織として２０１２年に設立されたが、最初に手掛けたのは、スポーツツーリズムという言葉を世に広め、意味のある観光コンテンツの一つとして認知してもらう社会啓発事業であった。

その後セミナーやカンファレンスを通じて、スポーツツーリズムは徐々に浸透し、司令塔としての地域スポーツコミッションが全国の自治体に設立された。この時期がスポーツツーリズムの導入期とすれば、現在は成長期への移行期である。現在、地域スポーツコミッションの数は百を超え、マラソン大会等の地域資源を活用した大小様々なスポーツイベントが増加している。

前述のように、２０１９年度よりアウトドアスポーツツーリズムと武道ツーリズムがスポーツ庁の目玉施策になったが、それぞれの発展にとって重要なことは、絶え間なく変化する社会状況に呼応した「事業アイデンティティ」の変革である。単なるスポーツと観光を結合させた観光コンテンツではなく、そこに社会的な意味が付加される必要がある。何のためにスポーツイベントを開催するのか？　マラソン大会が地域にもたらす社会的・経済的インパクトとは？　スポーツコミッション事業の社会的課題とは？　など、事業の本質を捉える作業が重要である。

啓蒙の時代から戦略的発展に向けて

地域スポーツコミッションを含め、スポーツツーリズムの事業者は、単にイベントをすることを目的にするのではなく、イベントを通して地域が抱える社会的な課題解決に取り組み、地域を改善するという明確な視点を持つ必要がある。例えば、人口減に悩む都市が、あるスポーツイベントの開催を通して、交流人口を増やすことによって、地域ブランドの向上を図ろうとするといった、大きな目標の設定である。

大きな目標とは、事業者にとっての「最終的な目標」であり、この達成度合いを測るのが「ＫＧＩ」(Key Goal Indicator) と呼ばれる「重要目標達成指標」である。さらにＫＧＩを達成するために必要となるのが、複数のＫＰＩ (Key Performance Index) であり「重要業績評価指標」と訳される。これらは例えば、「イベント参加者の定員充足率」や「目標とする企業協賛金の額」、「域外参加者の割合」や「一人当たりの消費額」等、ＫＧＩを測るための複数のＫＰＩから構成される。

２０２０年に設置された福岡県スポーツコミッションは、戦略的な視点から、大きな目標として四つのビジョン（組織が目指す姿）を掲げた。「持続可能で調和のとれた県内地域の発展」「スポーツで福岡県の魅力を伝え、新たな発見、再発見を促す」「スポーツで人やまちをつなぎ、新たな価値を創出」「スポーツと人とまちの新たな関係を創出」である。さらにビジョン（使命、存在意義）として、「県内のスポーツ資源をフル活用し、アウター施策を戦略的に展開することにより、地域への経済効果を最大化」することを掲げ、目標を定量化するためのKGIとして「スポーツコミッションが開催・支援したイベントの経済効果」を定めた。今後、KGIを達成するための種々のプロジェクトが実施されるが、それぞれの目標達成は、「動画の再生回数」「ウェブサイトの閲覧数」「アウター政策に取り組む県内の市町村数」といったKPIによって進捗状況が把握されることになる。

スポーツ×文化×観光による新展開

導入期から成長期に向けて、スポーツツーリズムに関与する事業者が目指すべきは、スポーツを通じた地域のブランディングであり、地場産業、歴史、文化、伝統行事、祭り等、多様な地域資産とステークホルダーを取り込んだ事業展開である。その一つが、スポーツ×文化×観光への概念拡張であり、最も有望で実現可能な戦略である。

文部科学省の外局である「スポーツ庁」と「文化庁」は、2016年3月に、国土交通省の外局である「観光庁」とともに、スポーツと文化を融合した観光地の魅力向上を図るため、三庁が連携する包括的連携協定を結んだ。そこには、スポーツと各地域の文化芸術資源が融合することによって生まれる、新しい「スポーツ文化ツーリズム」に対する期待がある。その協定の中から誕生したのが、スポーツ、文化、観光を融合させた取り組みを発掘・表彰するための「スポーツ文化ツーリズムアワード」である。

2016年に文化庁長官賞を受賞したのは、すでに武道ツーリズムで紹介した「スポーツ流鏑馬」である。繰り返しになるが、日本の伝統的武道を女性にも開放し、スポーツとして人馬一体の技を披露する早春のイベントは、多くの観光客を呼び込んでいる。そのほかに「世界遺産姫路城マラソン」「熊野古道伊勢路を歩く」「サイクリストの聖地『瀬戸内しまなみ海道』を核としたサイクルツーリズム」など、多様なスポーツ文化イベントやアクティビティが受賞した。第3回目となる2018年には、成功事例としての「マイスター部門」と、今後の展開が有望視される「チャレンジ部門」が設定され、前者では、カヤックで農業用水路を下る「イデベンチャー」「国際スポーツ雪かき選手権」「地域の魅力・文化を引き出しサイクルツーリズムで通年誘客を実現するツール・ド・ニッポン」、後者では「十勝ナイトリバークルージング」「世界一自由な空へつばさに乗って行こう　南陽は空もバリアフリー　空飛ぶ車椅子体験」といったユニークな作品が受賞した[注22]（2019年度の受賞イベントに関しては末尾の〈注22〉を参照のこと）。

これらの受賞作品に共通する特徴は、地域の自然・文化資源が観光商品化された点と、地域への経済的・社会的貢献が、アクティビティを通じて「見える化」された点にある。農業用水路をカヌーで下るという冒険心を満たすチャレンジや、雪という自然資源を使った新しいスポーツの考案、そして夜に十勝川をクルーズするという大胆な発想は、無から有を生む地域イノベーションにほかならない。今後も、スポーツ×文化×観光によって、想像を超えたハイブリッド型のスポーツ観光商品が生まれる可能性がある。

地方自治体における取り組み体制の整備

スポーツ×文化×観光に向けた取り組みは、自治体の首長の間でも活発である。2019年6月に開かれた全国知事会では、「スポーツ・文化・観光振興政策についての提言」が採択されるなど、〈スポーツ×文化×観光〉は、セットで語られる新しいハイブリッドな概念として定着した。提言の中では、スポーツ・文化を生かしたまちづくりの推進として、「通季・通年型スポーツアクティビティの創出によるスポーツツーリズムの推進など、地域スポーツコミッション等の官民が連携して行う分野横断的な取組に対し、関係省庁が連携して支援すること」など、国への要望が盛り込まれた。[注23]

さらに全国自治体のスポーツツーリズム行政への取り組み体制も徐々に強化されている。スポーツ×文化×観光に関しては、県レベルにおいて、鳥取県の「文化観光スポーツ局」、秋田県の「観光文化スポーツ部」、山口県の「観光スポーツ文化部」、そして沖縄県の「文化観光スポーツ部」がすでに設置されており、3領域の統合による相乗効果が生まれている。また静岡県御殿場市が設置した「産業スポーツ部オリンピック・パラリンピック課」のように、時限的ではあるが、スポーツツーリズムの推進体制を制度化した市町村もある。これらの取り組み体制に関しては、国よりも地方自治体が先進的である。

新結合によるスポーツツーリズム観光商品の造成

日本は、コラム3・2で述べたように「観光資源大国」であり、それを認識することが重要である。多様な自然資源と人文資源を自在に組み合わせることによって、多様なツーリズム商品を開発することが可能である。スポーツと同様に、自然資源や人文資源もまた、開発の余地が多く残された「隠れた資源（hidden resource）」であり、スポーツ、文化、観光をメインとした多様なコンテンツの結合は、アクティビティの種類と数を飛躍的に増やしてくれる。

例えば食との結合である。岩手県西和賀町は、積雪量が県内一の人口5千8百人の町であるが、ここではビジネスデザインの視点から、寒ざらしそばや地ビール、そしておぼろ豆腐など、25種類の商品を「ユキノチカラ」というブランドで統一し、全国的な知名度を上げることによって、西和賀町への集客を図るというストーリーを描いている。

西和賀町を取り巻く山々はブナの原生林や高山植物が有名で、ビールやわらびなど地元のおいしい食は、山系から流れ出る清らかな水から生まれる。地元には、西和賀登山ガイドの会もあり、奥羽山系にある山々を活用した登山やトレッキングとユキノチカラの結合が、ストーリーによって装飾され、新しいヘルスツーリズムの商品化に結びつく可能性がある。ブナの原生林では、春のみずみずしい新緑、夏の繁みの深緑、秋の錦絵のような紅葉など、季節ごとにさまざまな色を楽しむことができる。今後、地方に眠る宝物をデザインの力でブランド化し、全国へ発信する試みが活発化することが望まれる。

最後に、今後も高齢化と人口減は確実に進行するが、増えるのが日本土着の野生生物である猪や鹿である。近年では、猪が生息地を人が住むエリアにまで広げ、田畑を荒らし、時に人に危害を加える事件が多発している。そこで害獣駆除ということで猟友会の出番となるのだが、その一方で、狩猟（ハンティング）をゲームとして楽しむ、「ゲームハンティング」というジャンルが存在する。すなわちスポーツとしてのハンティングであるが、これによって、増え続ける野生生物の数をコントロールし、獲物を解体して、ジビエなどの食材として活用するという考え方も必要である。

日本の狩猟文化を継承しつつ、ゲームハンティングのようなスポーツを組み合わせたアクティビティには、大きな可能性がある。例えば、岡本健太郎の『山賊ダイアリー』（講談社コミックプラス）という漫画は、狩猟に興味を持った作者の狩猟体験とジビエ料理を綴った人気作品で、免許を取り、地元の猟友会に所属し、能力と技術を磨いて、ジビエ料理に挑戦する、自然の恵みを存分に享受する生き方は、多くの読者の共感を呼んでいる。筆者（原田）は、野生鳥獣の「生息地管理」「個体数管理」「被害管理」を状況に応じて組み合わせ、「人」と「野生動物」と「自然環境（生息地）」、そして「ジビエ料理ビジネス」の関係を最適な状況で調整して共存を図る、「ワイルドライフ・マネジメント」の考えに基づく「ゲームハンティング」が、将来、新しいスポーツツーリズム商品として定着するのではないかという期待を持っている。

注

注1：スイスの Credit Suisse Research Institute が発行した「Credit Suisse Global Wealth Databook 2017」は、中産階級を1万ドルから10万ドルの資産を所有する人々と定義しているが、世界全体のうち中国人が占める割合は2000年の12・6％から、2017年の35％に上昇したとしている。また2022年には世界の中産階級が12億人に達し、そのうちの40％が中国人になると予測している。

注2：観光庁「平成29年訪日外国人消費動向調査【トピックス分析】 訪日外国人旅行者の訪日回数と消費動向の関係について～韓・台・香・中の訪日回数の多いリピーターは1人当たり旅行支出が高い～」〈https://www.mlit.go.jp/common/001230647.pdf〉参照

注3：首相官邸ウェブサイト「生物多様性国家戦略」地球環境保全に関する関係閣僚会議決定（平成14年3月27日）〈http://www.kantei.go.jp/jp/singi/kankyo/kettei/020327honbun.html〉参照

注4：フォレストアドベンチャーは、1997年にフランス・アヌシー郊外でアルタス社が始めたアウトドアパークの名称で、当初は企業研修用につくった施設だったが、その後一般開放され、現在ではアウトドアスポーツの施設として世界中で展開されている。

注5：スポーツ庁ウェブマガジン〈https://sports.go.jp/special/value-sports/japanese-sports-tourism.html〉

注6：原田宗彦「『武道ツーリズム』に見る未来の可能性」剣道日本、2019年3月号：104～107頁

注7：スポーツ庁「スポーツツーリズム需要拡大のための官民連携協議会」（平成30年度）で用いられた武道ツーリズムの定義より引用〈https://www.mext.go.jp/sports/b_menu/shingi/024_index/shiryo/1411001.htm〉

注8：明治17年に軍馬育成所が開設された十和田市は、東北の馬産地として有名で、馬の文化を育ててきた歴史がある。土地の歴史と記憶に紐づく物語を、勇壮かつ華やかな武道ツーリズム商品として磨き上げ、毎年多くの観光客を集めている。

注9：国土交通省ウェブサイト〈http://nlftp.mlit.go.jp/ksj/jpgis/datalist/KsjTmplt-P12.html〉

注10：平成30年度観光庁「テーマ別観光による地方誘客事業」の一環として、「一般社団法人ルーツ・スポーツ・ジャパン」と「全国サイクルツーリズム連携推進協議会」が実施した、サイクリストの行動実態把握を目的としたインターネット調査：〈http://www.tour-de-nippon.jp/series/topics/3718/〉参照

注11：Cycle Tourism Australia のウェブサイト：〈www.beecoswebengine.org/servlet/Web?s=2024207&p=CTA_WhatisCTA〉を参照

注12：自転車活用推進法の基本方針として、国土交通省は以下の14の基本方針を定めている：①自転車専用道路等の整備 ②路外駐車場の整備等 ③シェアサイクル施設の整備 ④自転車競技施設の整備 ⑤高い安全性を備えた自転車の供給体制整備 ⑥自転車安全に寄与する人材の育成等 ⑦情報通信技術等の活用による管理の適正化 ⑧交通安全に係る教育及び啓発 ⑨国民の健康の保持増進 ⑩青少年の体力の向上 ⑪公共交通機関との連携

の促進　⑫災害時の有効活用体制の整備　⑬自転車を活用した国際交流の促進　⑭観光来訪の促進、地域活性化の支援（国土交通省、平成28年12月16日）

注13：国土交通省「ナショナルサイクルルート」ウェブサイト〈http://www.mlit.go.jp/road/bicycleuse/good-cycle-japan/national_cycle_route/〉

注14：「地方創生拠点整備交付金」は、地域の所得や消費の拡大を促すとともに、「まち」の活性化につながる、先導的な施設整備等の支援を目的とするマッチングファンド（二分の一負担）であり、交付を希望する地方公共団体は、対象事業に係る地域再生計画を作成し、内閣総理大臣の認定を受ける。

注15：今後のサイクルツーリズムの一つの鍵となるのが、安全かつ楽しいサイクリングを観光商品として提供できるサイクリングガイドの養成である。現在は、「日本サイクリングガイド協会」（ＪＣＧＡ）が、「公益財団法人日本サイクリング協会」（ＪＣＡ）公認資格である「ＪＣＡ公認サイクリングガイド（ベーシック）」の養成講座、およびＪＣＡによる検定試験（以下「検定試験」）を実施している。〈www.cycling-guide.or.jp/about〉

注16：「東京都自転車活用推進計画」２０１９年３月：〈https://www.toshiseibi.metro.tokyo.lg.jp/bunyabetsu/kotsu_butsuryu/pdf/katsuyo_suishin07.pdf〉を参照

注17：赤倉観光ホテルウェブサイト〈http://www.akr-hotel.com/history/〉

注18：索道事業者とは、ロープウェイやリフトなどの索道によって、旅客や貨物の輸送を行う会社のこと。

注19：スノーリゾート地域の活性化は、国内外の旅行者がともに減少する冬期の観光振興を進める上でも重要であり、観光庁では２０１５年から「スノーリゾート地域の活性化に向けた検討会」を開催し、スノーリゾート地域を取り巻く状況の調査・分析等を通じて、２０１７年に今後の取り組みの方向性等について最終報告をとりまとめた。その後２０１７年10月には、筆者が座長を務める「スノーリゾート地域の活性化推進会議」を設置し、「スノーリゾート地域の活性化に向けたアクションプログラム２０１８」をとりまとめるなど、今後のインバウンド観光の成長を左右する重要領域という認識を持っている。〈https://www.mlit.go.jp/common/001247796.pdf〉を参照

注20：オリンピック・パラリンピック冬季競技大会（Sapporo 2026 Olympic And Paralympic Winter Games）開催概要計画書（案）、２０１７年、３頁：〈https://www.city.sapporo.jp/sports/olympic/documents/honsho_1.pdf〉を参照

注21：ハクバ・マウンテン・ビーチのウェブサイト〈https://www.nsd-hakuba.jp/hakuba-mountain-beach/hmb/〉

注22：２０１９年度は、スポーツ文化ツーリズム賞として「日光国立公園マウンテンランニング大会」、「剣道体験ツアー【ＳＡＭＵＲＡＩ　ＴＲＩＰ】」、スポーツツーリズム賞として「魚沼国際雪合戦大会」、「白山ジオトレイル」、そして文化ツーリズム賞として「忍びの里『伊賀』ならではの本物の忍びの『心技体』を体現できる体験プログラムづくり」、「『めぐる、たべる、つかる』ＯＮＳＥＮ・ガストロノミーツーリズムで地域を元気に！」が受賞した。

注23：全国知事会の「スポーツ・文化・観光プ

ロジェクトチーム」による「スポーツ・文化・観光振興施策についての提言」（令和元年7月24日）の中に「2・スポーツ・文化を生かしたまちづくりの推進」があり、以下の4項目が提言として示された。

①トップアスリート・アーティストの育成等　国が地方の資源を生かしたトップアスリート・アーティストの育成を行うこと

②地方におけるスポーツ・文化振興の基盤施設に対する支援の一層の充実

③スポーツによる地域活性化：選手が競技引退後も活躍できる環境づくりや、スポーツツーリズムの推進など、スポーツコミッション等の官民連携による分野横断的な取組を支援すること

④文化による地域活性化：世界文化遺産や日本遺産、史跡・重要文化財など、地域固有の文化的資源を活用した地域活性化の取組に対して、一層の支援に努めること

〈http://www.nga.gr.jp/ikkrwebBrowse/material/files/group/2/20190819-shiryou1.pdf〉を参照

第4章

住む人を幸せにする
これからのスポーツまちづくり

1　スポーツまちづくりとは

スポーツと親和性が高いまちとは

スポーツが、体育や社会教育の範疇《はんちゅう》と考えられた時代、「スポーツ」と「まちづくり」はまったく異質の概念として認識され、両者が融合することはなかった。しかしながら、スポーツのパワーが増大し、社会的あるいは経済的な効果に注目が集まり、メガ・スポーツイベント後のレガシー（遺産）に対する理解が深まるにつれて、スポーツがまちづくりに与える影響を無視することができなくなった。

まちづくりとは、さらに良い生活が送れるように、道路や街並み、景観といったハード部分と、歴史文化、芸術、スポーツ等のソフト部分の両面から改善を図ろうとするプロセスのことであるが、スポーツに関しては、ハードとソフト両面に改善を促す力を備えている。筆者は、拙著『スポーツ都市戦略』の中で、スポーツとの親和性が高い都市とは、スポーツが重要な政策課題とされ、すべての住民やビジターが、「する」「見る」「支える」スポーツに積極的に関与できる機会に満ち溢れた都市のことであると指摘したが[注1]、高齢化や人口減といった社会問題が顕在化する中で、スポーツを都市発展のプラットフォームとして活用する動きは活発化している。

ポスト2020の地域スポーツ戦略

内閣官房まち・ひと・しごと創生本部事務局および内閣府地方創生推進事務局は、2019年6月に「まち・ひと・しごと創生基本方針2019」を定めた。これは第2期地方創生であり、第1期で定めた①地方にしごとをつくり安心して働けるようにする、②地方への新しいひとの流れをつくる、③若い世代の結婚・出産・子育ての希望をかなえる、④時代に合った地域をつくり安心なくらしを守り、地域と地域を連携するといった四つの基本目標を踏まえ、Society5.0の実現やSDGsを原動力とした地方創生など、時代の流れに沿った新しい視点を盛り込んでいる。加えて、地域の経済社会構造全体を俯瞰して地域をマネジメントするなど、地域経営の視点が強調されているのが特徴である。

地域スポーツ戦略に関しては、前述の④で掲げた目標の一つとして「スポーツ・健康まちづくりの推進[注2]」が新たに加えられ、その中で三つの政策の柱が定められた（図表4・1参照）。第一は、「スポーツを活用した経済・社会の活性化」であり、スポーツツーリズムの推進、地域スポーツコミッションの設置支援・機能強化のほか、スポーツ大会の開催都市やホストタウンのレガシー形成支援等が明記されている。

第二は、「スポーツを通じた健康増進・心身形成・病気予防」であり、スポーツ実施率向上に向けた推進体制の構築、学校体育施設の活用促進、学校体育と地域スポーツの連携・協働、そして医療機関との連携の促進等である。そして第三が、「自然と体を動かしてしまう『楽しいまち』への転換」である。国土交通省が推進するウォーカブルシティ（Walkable City）の実現、公園のさらなる活用によるスポー

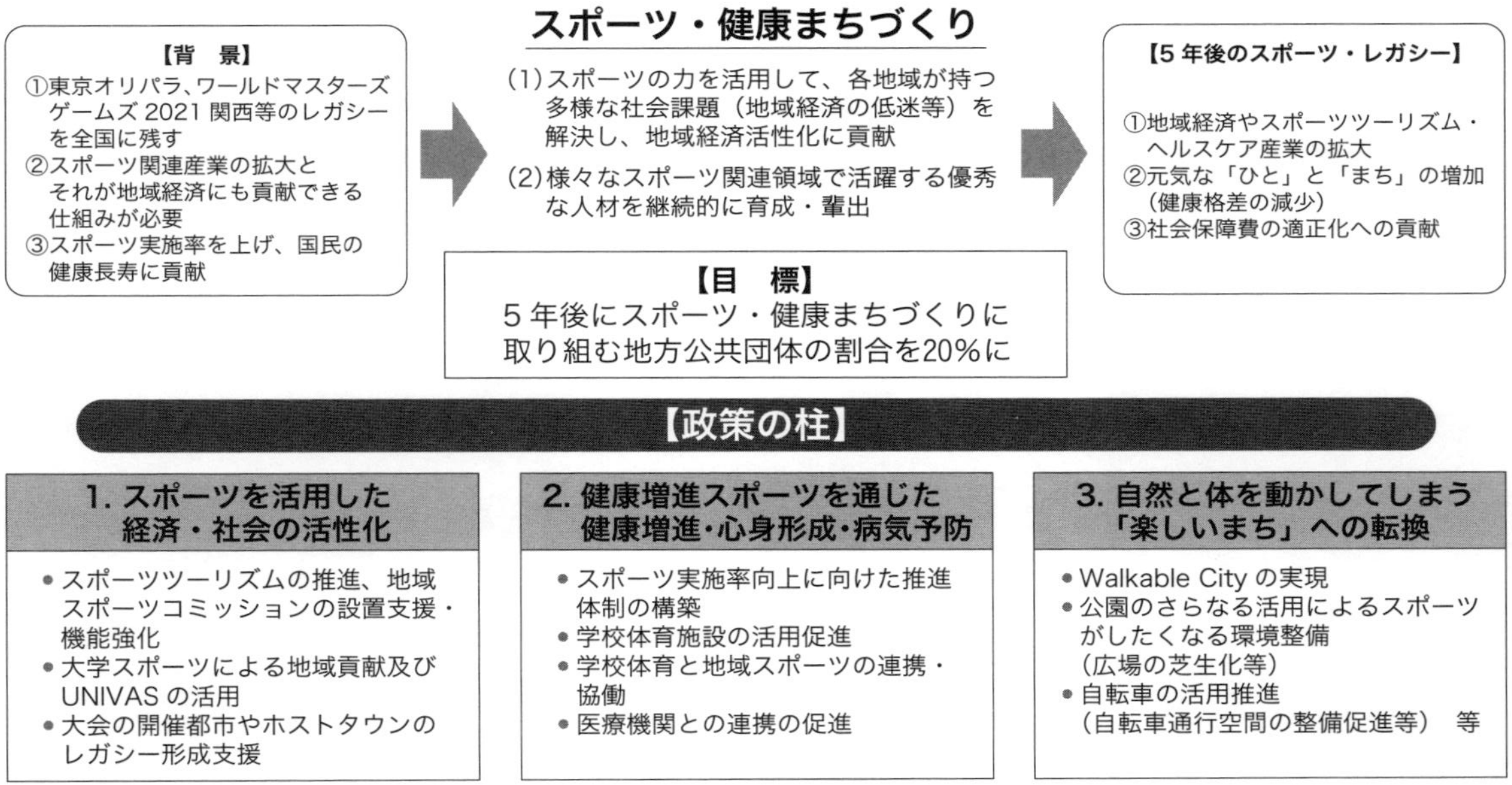
スポーツ・健康まちづくり
【背　景】
①東京オリパラ、ワールドマスターズゲームズ2021関西等のレガシーを全国に残す
②スポーツ関連産業の拡大とそれが地域経済にも貢献できる仕組みが必要
③スポーツ実施率を上げ、国民の健康長寿に貢献
(1)スポーツの力を活用して、各地域が持つ多様な社会課題（地域経済の低迷等）を解決し、地域経済活性化に貢献
(2)様々なスポーツ関連領域で活躍する優秀な人材を継続的に育成・輩出
【5年後のスポーツ・レガシー】
①地域経済やスポーツツーリズム・ヘルスケア産業の拡大
②元気な「ひと」と「まち」の増加（健康格差の減少）
③社会保障費の適正化への貢献
【目　標】
5年後にスポーツ・健康まちづくりに取り組む地方公共団体の割合を20%に
【政策の柱】
1. スポーツを活用した経済・社会の活性化
• スポーツツーリズムの推進、地域スポーツコミッションの設置支援・機能強化
• 大学スポーツによる地域貢献及びUNIVASの活用
• 大会の開催都市やホストタウンのレガシー形成支援
2. 健康増進スポーツを通じた健康増進・心身形成・病気予防
• スポーツ実施率向上に向けた推進体制の構築
• 学校体育施設の活用促進
• 学校体育と地域スポーツの連携・協働
• 医療機関との連携の促進
3. 自然と体を動かしてしまう「楽しいまち」への転換
• Walkable City の実現
• 公園のさらなる活用によるスポーツがしたくなる環境整備（広場の芝生化等）
• 自転車の活用推進（自転車通行空間の整備促進等）　等

図表4･1　第2期まち・ひと・しごと総合戦略（スポーツ・健康まちづくり）の概要
（出典：スポーツ庁、2019年）

ツがしたくなる環境整備（広場の芝生化）、そして自転車の活用推進（自転車通行空間の整備促進等）などが示されている。[注3]

第一がアウターの政策、第二がインナーの政策とすれば、第三は、スポーツまちづくりという、まちに住む人にとっても、まちを訪れる観光客にとっても魅力ある地域を創造する、歩くまちづくりの推進と地域のブランディングを志向する新しい政策である。

実際、これまで、多種多様な補助金によって、各地で介護予防や健康増進活動を行う教室や講習会が実施されてきたが、プログラム参加による医療費削減額は実証済みである。例えば新潟県見附市において、一人ひとりの身体活動量、ライフスタイルに応じた運動プログラムの実証実験を行った結果、プログラム参加群94人の1人当たりの医療費削減額は10万4千234円となり、非参加者との比較で約27・8％の減少が見られた。このような社会実験的なプログラム参加によるポジティブな効果は数多く報告されており、お金をかけて運動プログラムに参加すれば、一定の効果が見込まれることは定説化している。しかしながら、運動プログラムが終了すると、参加者が以前の生活に戻り、効果が雲散霧消するケースも多く見られる。

重要なことは、プログラム後に、アクティブなライフスタイルを日常生活化することであり、まちづくりの中で、楽しく、自発的に、身体を動かしたくなる生活環境が整備されていることである。これが、第三の政策の骨子である。

スポーツ庁が支援するスポーツによるまちづくり戦略

スポーツまちづくりは、内閣府が掲げる政策と同じ文脈で、スポーツ庁においても重要な政策課題に位置づけられている。それがポスト２０２０に向けた、「スポーツによるまちづくり・地域活性化活動支援事業」（令和2年度）である。この事業が狙うのは、スポーツによる継続的なまちづくりと地域活性化の実現であり、地域スポーツコミッションを軸に行う「スポーツ合宿・キャンプの誘致」と「通期・通年型スポーツアクティビティの創出」である。前者は、長期継続的な人的交流を図る狙いがあり、後者は、恒常的なスポーツ誘客を可能にするため、プロスポーツチームの活性化や、「スポーツツーリズム需要拡大のための官民連携協議会」（スポーツ庁）が進める「アウトドアスポーツツーリズム」や「武道ツーリズム」の推進が重要となる。

この事業の成果として期待されるのが、〈社会的効果〉としての「スポーツのまちとしてのアウターブランディング」「ローカルアイデンティティ・地域一体感の醸成」「地域スポーツ人口・関心層の拡大」「季節・年間を通じての誘客による、従事者の雇用安定」であり、〈経済効果〉として期待されるのが「合宿参加者・スポーツツーリストの滞在に係る消費（宿泊・飲食・観光・物販など）」「スポーツアクティビティの参加料収入」などである。この支援事業を通じて、スポーツ庁は、地域スポーツコミッション等の「地域活性化組織」が核となって創出された優良事例を全国に横展開し、東京２０２０オリパラ大会のレガシーとして残すことを企図している。[注4]

2　スポーツ実施からアクティブライフへ

日本人のスポーツ実施率

スポーツまちづくりにおいては、いくらスポーツ施設や自転車道などのハードを整備しても、そこに住む人がアクティブでなければ意味がない。これまで、人々がどれだけアクティブかを示す指標として、スポーツや運動の実施率（あるいは参加率）が用いられてきた。例えば政府は、戦後の高度経済成長期がテイクオフする1957年に、国民の体力・スポーツに関する意識を把握し、施策の参考とするために「スポーツ問題に関する世論調査」（総理府総理大臣官房広報室）を実施した。この調査では、「最近どのくらいスポーツをやっているか」という漠然とした質問に対して、「やった」と答えた人がわずか14％（男性20％、女性6％）という結果であった。今と違い、当時の質問項目は洗練されておらず、スポーツ参加率の正確な把握が今ほど重要ではなかったとはいえ、14％という数字は、スポーツどころではないという60年前の生活状況を如実に示している。

しかしながら、高度経済成長とともにスポーツ実施率は目覚ましく上昇し、1962年の「スポーツに関する世論調査」では、過去1年間にスポーツに参加した人の割合は男性56・4％、女性31・2％、平均で43・8％に急上昇した。男性に比べ、当時の女性の参加率は低かったが、その後大幅にアップし、2015年には8割を超えた。[注5]

わかりやすいアウトカム指標

成人が行う週1回以上のスポーツ実施率は、これまでスポーツ人口の拡大を狙う政策の「アウトカム指標」として多くの自治体で用いられてきた。政府もこれまで、「スポーツ振興基本計画」（２００６年）において、「成人の週1回以上のスポーツ実施率が2人に1人（50％）」という目標値を定めた。また直近の第2期スポーツ基本計画（２０１７年〜２０２２年）においては、〈ライフステージに応じたスポーツ活動の推進とその環境整備を行う〉という政策目標のもと、成人のスポーツ実施率（週1回以上）を65％程度（障がい者は40％程度）、週3回以上を30％程度（障がい者は20％程度）にするという高めの数値目標が定められた。

さらに実施率のようなわかりやすい指標は、国際比較を容易にしてくれる。例えば笹川スポーツ財団が実施した文部科学省委託調査「スポーツ政策調査研究」報告書（２０１１）によれば、フランス、デンマーク、オーストラリアの週1回以上の実施率は、それぞれ64％、77％、69・5％となっており、日本の立ち位置を把握するのに役立つ。２０２０年に65％を達成するというＫＰＩも、これらの国際比較から導かれた達成可能とされた数値である。ただしスポーツ実施率のような社会調査は、サンプルや質問の方法によって結果が大きく変動する。信頼性と妥当性を高めるには、同じ時期に、同じ方法で、同類のサンプル（例えば16歳以上の男女）に対して調査を実施することが理想である。

不都合な真実

１９５７年以降、経済的な成長と健康志向の高まりとともに、スポーツ実施率は順調に伸びてきたが、最近は、その数値が下落傾向にある。笹川スポーツ財団は、１９９２年からスポーツ実施率の調査を行っているが、週１回以上スポーツを実施している人の割合は、１９９２年の23・7％から毎年上昇し、２０００年には51・4％となった。その後50％台を上下するが、２０１２年の59・1％を頂点に、57・2％（２０１４年）、56・0％（２０１６年）と緩やかな減少傾向にある。図表４・２に示した文部科学省のデータも同様に、２０１２年から２０１５年にかけて、47・5％から40・4％に７・１％下落している。

文部科学省のデータは、その後、２０１６年に42・5％、２０１７年に51・5％、そして２０１８年に55・1％に増加しているが、その理由の一つとして、質問項目の中に、「ウォーキング（散歩・ぶらぶら歩き・一駅歩きなどを含む）」「階段昇降（２アップ３ダウン等）」といった日常的な運動が追

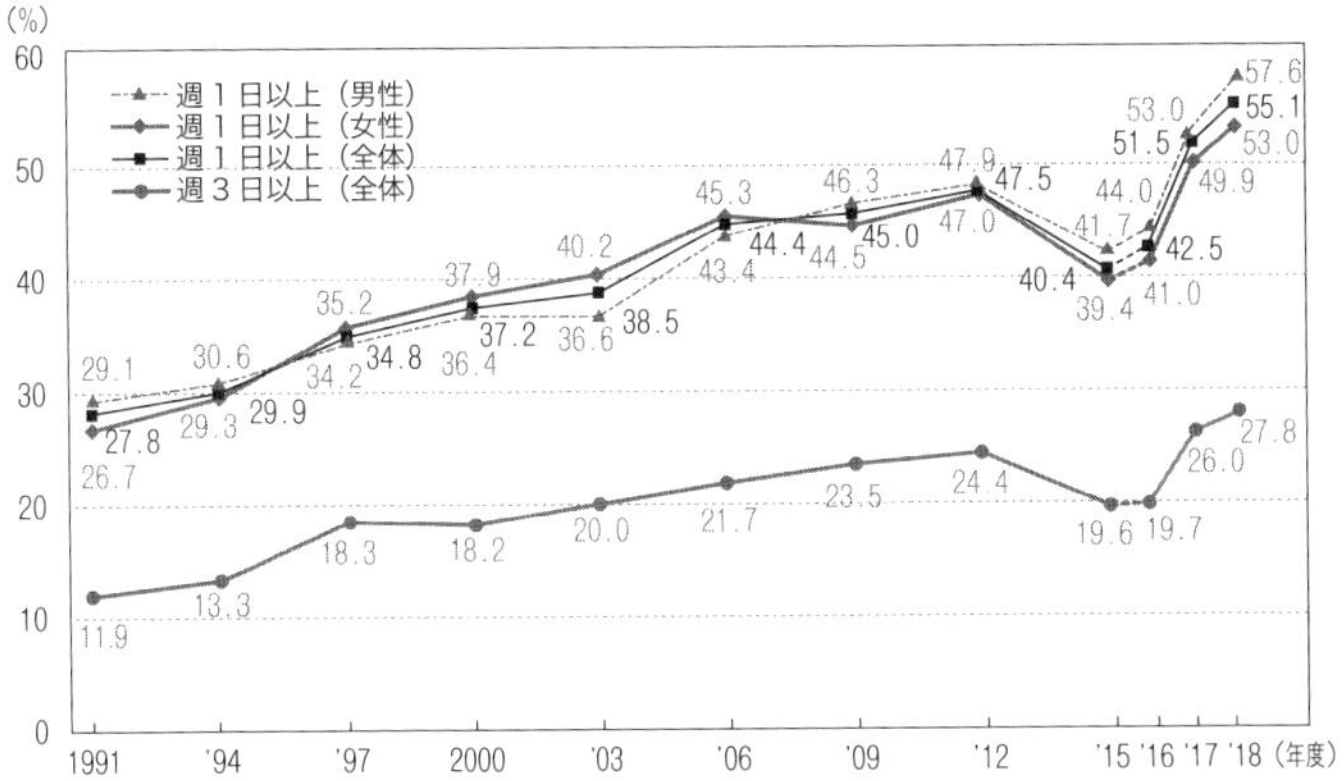

図表 4・2　平成 30 年度スポーツの実施状況等に関する世論調査
（出典：スポーツ庁、2019）

加されたためで、厳密にいえば、調査内容が異なる別の調査が実施されたことになる。2015年から2016年の間が点線になっているのは、（質問項目の変更によって起きる）時系列データの信頼性を損なわないためである。

同じ下落傾向は、東京都が実施した定点調査においても見られた現象である。東京都は、2013年3月に「東京都スポーツ推進計画」を策定し、2020年までにスポーツ実施率（週1回以上）を70％以上にする数値目標を設定した。2007年に39・2％だった数値は、その後順調に上昇し、2014年には60・5％を達成した。しかしながら、このまま70％に向けて順調に推移すると思われた数値は、2016年に56・3％に下落する。

これら三つの調査が示すのは、2014年から15年ごろを頂点に、日本人のスポーツ実施率が緩やかに下落しているという事実である。その背景には、ランニングブームが一段落し、参加障壁が低いジョギングなどの活動をやめた人が多いのではないかという推測もあるが、同時に思い浮かぶのは、スポーツ実施率という指標が、今の日本人のライフスタイルの実態を正確に反映できていないというのではないかという「疑問」である。[注6]

事実と疑問：新しいスポーツ実施指標の必要性

東京都民のスポーツ実施率の急伸は、2006年にスタートした東京マラソンが惹起《じゃっき》したマラソン・ジョギングブームの後押しによって起こり、公道を使った運動やエクササイズが大幅に増加した。それまでのマラソン大会は、道路の閉鎖時間が短いエリートレースが主流で、日本陸連公認レースに一般市民は参加できなかったが、東京マラソンは都市空間を市民に開放し、公道を走るという行為を「善行」、すなわち、「良い行い」であるという社会規範を定着させ、それがジョギングブームの呼び水となった。

しかし、ブーム現象によって右へ振り切った振り子には、左へ戻ろうとする力が作用する。今のスポーツ実施率の減少は、極端に増加したスポーツ実施率の反動のようなものであるが、このまま減少を続けるのか、あるいは増加に転じるかどうかは不明である。その一方で、国や東京都のデータのように、〈スポーツ実施率〉という指標が、現代人の健康的な生活スタイルを正しく活写しているかどうかを検証する必要がある。

筆者は、データ上の「スポーツ実施率」は低下したものの、人々の活動的なライフスタイルはいささかも減少しておらず、むしろアクティブになっているのではないかと推察する。言葉を変えれば、どのようなスポーツを、どのような頻度で実施していますか？　という質問が、アクティブな東京都民の生活を正確に反映できていないだけではないだろうか？　運動不足を解消するために、通勤に自転車を使うケースや、地下鉄でより長い距離を歩くケース、毎日の犬の散歩や週末のガーデニング、そして家の掃除などで汗をかくライフスタイルは、現在のスポーツ実施率の指標には反映されていない。

重要となるのは、週に1回以上のスポーツ実施ではなく、どれだけアクティブな生活を送ったかという主観的な判断と、身体活動の日常性や多様性を示す新しい指標、すなわち個人のアクティブライフスタイルの度合いを活写する新たな指標である。[注7]

新しいセグメント：アクティブシニアの登場

一般に、高齢化が進展すると、国全体で活気が失せていくと思われるが、現在の日本では、アクティブシニア層によるスポーツや健康づくり、そして旅行関係の余暇消費が活発化している。例えば、スポーツクラブ使用料は40代から50代へと増え続け、60代が最も多く、一世帯当たり年平均7千194円となっている。健康づくりや旅行などの余暇消費も、年齢とともに増えているのが現状である。[注8]

博報堂の「新しい大人文化研究所」が行った40代〜60代への調査によると、約80％の人が「自分達は従来の40〜60代とは違う」と考えており、そこには、過去の慣習に囚われない新しいシニア像の登場がある。すなわち、多様な「余暇スキル」を持つアクティブシニア層の拡大によって、高齢者がスポーツをすることが当たり前という「社会規範」が生まれたのである。これまで高齢者スポーツと言えば、一部のスポーツ愛好者が「年寄りの冷や水」的視線に晒されながら行う周囲を気遣う行為であったが、今は、スポーツをする高齢者に向けられるまなざしはむしろ温かく好意的である。[注9]

実際、日常的にスポーツを楽しむ環境の中で育った団塊の世代やポスト団塊の世代は、「世代効果」によってアクティブなライフスタイルを年齢に関係なく継続することが可能となった。世代効果とは、生まれ育った時代の社会環境を共有する、その世代に見られる固有の文化を、その後年齢が上昇しても共有し続けるという考え方である。戦後の苦しい時代を生き抜いた親世代と異なり、若い時代からスポーツやレジャーに触れる機会が多く、余暇に対するリテラシーが高い世代は、若い時代に部活動で習得した「余暇スキル」（例えば音楽やスポーツ）を、年齢を重ねても継続する傾向が強い。[注10]

スポーツとウェルビーイング

スポーツを触媒としたまちづくりの究極の目標は、住んでいる人を幸せにすることである。スポーツ実施率の向上や医療費の削減など、ベンチマークとなる数値目標を設定し、達成度を測ることも重要であるが、ハピネスやウェルビーイングなど、まちで生活する住民の全人格的な健康（ボディ、マインド、スピリット）が担保されなくてはならない。

本書で扱うスポーツは、緩やかで、守備範囲の広い概念である。身体的レクリエーション（physical recreation）からアウトドアアクティビティ（野外活動）まで、人間をアクティブにしてくれる行為は、すべてスポーツとして扱っている。ウォーキングも然りで、勝ち負けもルールもないが、広い意味でこれもスポーツである。人間が行うアクティビティで最も基本的かつ不可避のアクティビティが歩くという行為である。

筆者は、拙著『スポーツ都市戦略[注1]』の中で、スポーツに親しむまちづくりについて、次のように述べた。

スポーツや運動をする人にやさしいまちとは、日常生活において、市民が手軽にスポーツに親しむことができる環境が整っており、年齢やハンディキャップに関係なく移動が快適なバリアフリーの都市でもある。しかしながら今の日本において、爽やかに汗を流し、深く息を吸い、景色を楽しみながら歩くことのできる空間は限られている。都市の公園では、ボール投げやサッカーなどのボール遊びが禁止され、池にはフェンスが張り巡らされ、歩くことがおっくうになる車最優先の「車道」が延々と続く。遊ぶ、歩く、走る、投げる、打つ、競う、呼吸する、汗を流す、交わる（集う）、興奮する、爽快感を得る、リラックスする、休息する、といった、スポーツにまつわる身体文化と多彩な関係を生み出す「仕組み」や「装置」が、わが国の都市には欠けているのである。現代都市には、スポーツをする施設からスポーツを見る施設、そして自然の景観を楽しみながら歩く街路まで、人間が快適に、そして健康的に暮らすためのアクティブライフを支える都市環境が不可欠である。

健康的でアクティブなライフスタイルを誘導する歩道や自転車専用道、あるいは小道や歩道など、日常生活に密着したインフラの整備は、スポーツまちづくりの中で重要な意味を持っている。日常生活の延長線上にあり、特別なスポーツスキルやスポーツギア（ウェアやシューズなどの装備）を必要としないウォーキングは、アクティブライフの原点とでも言うべき活動である。

そのような視点から、国土交通省は「居心地が良く歩きたくなるまちなか」の形成を目指し、国内外の先進事例などの情報共有や、政策づくりに向けた国と地方とのプラットフォームに参加し、ウォーカブル（歩きやすい）なまちづくりを推進する「ウォーカブル推進都市」の募集を行っている。欧米先進国の都市では、経済を最優先するあまり、車中心のまちづくりが行われてきたが、その反省から、ひと中心の豊かな生活空間の再創造に向けた動きが活発化している。なお歩くという行為〈＝歩行〉については、コラム4・1において考察を施した。

第3章でも指摘したように、バスや自動車が移動できる道は、血管で言うと「動脈」のような、血液(人や商品)を大量に移送する道路である。その一方で、バスや自動車が通れない細くて入り組んだ道は、血液を体の隅々に送り届ける「毛細血管」のようなものであり、自転車や歩行によってのみ目的地にたどり着けることができる。

人が快適に、気持ちよく歩いて移動できる小径《こみち》や散策道、そして自転車でスムーズに移動できる専用道を整備することで、土地の細部に宿る観光資源の発掘が可能になるとともに、にぎわいづくりや、交流の場を提供することが可能となる。そこで以下では、韓国・済州島の方言で「家に帰る細い道」という意味を持つ「オルレ」と、英国を発祥の地とする「フットパス」の取り組みを紹介しよう。

オルレとフットパス

一般社団法人九州観光機構は、インバウンド観光の需要ドライバーとしての「オルレ」の可能性に着目し、2011年8月に社団法人済州オルレと業務提携を行い、2012年2月に武雄、天草・維和島、奥豊後、指宿・開聞の4コースを「九州オルレ」として認定した。オルレとは、済州島の方言で「通りから家に通じる狭い路地」という意味で、2007年に済州島で生まれたトレッキングコースが最初である。その後、九州各県で15コースが認定されたが、それぞれに物語性がある道が観光資源となり、日本人だけでなく、毎年多くの韓国人旅行者を集めている。韓国からの参加者は、道を歩くだけでなく、景観を楽しみ、地元住民との様々な交流を通じて旅の経験を深めている。

その一方で「フットパス」は、普段から日常生活の中で利用している小径を、文化、歴史、そして物語といった新しいイメージを用いてラッピングし、観光資源として活用する試みである。日本フットパス協会によれば、フットパスは、英国を発祥とする「森林や田園地帯、古い町並みなど、地域に昔からあるありのままの風景を、楽しみながら歩くこと（Foot）ができる小径（Path）」[注11]を意味する。また神谷由紀子[注12]は、フットパスを、地域の歴史や道の成り立ちを探り、誇りをもって再生する地域活性化事業であると捉え、交流人口を増やし、まちづくりイベントなどに活用することが可能になると指摘した。最近では、限界集落など、過疎の村に残る日本の原風景である「里山」を、優れた景観を持つ観光資源として再定義し、過疎化に直面する地域の再生事業に結びつける動きも活発化している。

オルレやフットパスによる「歩行文化」の振興は、これからのスポーツ・健康まちづくりに多くのヒントを与えてくれる。最も重要なことは、隠れた資源である道に新しい意味（例えば物語やストーリー）を付与し、歩く（あるいは歩きたくなる）理由をつくる点にある。この点、オルレやフットパスは、スポーツツーリズムの本質を具現化した好事例である。

コラム 4・1

歩行の概念

環境にやさしく、エコロジカルなスポーツである「ウォーキング」は、スポーツまちづくりにおいて重要な位置を占める。実際、ウォーキングは日本人の最もポピュラーな運動・スポーツ種目であり、超高齢化社会へと移行するわが国においても、歩くという人間にとって基本的な活動を再考すべきであろう。その一方、歩行については、それがあまりに日常的で自然な動きであるために、かえって気づかないことが多い。

歩くという行為は、われわれが普段の生活で行うごくありふれた身体活動である。そのため、歩くことを深く考える習慣もなく、歩くことを一つの大きなカテゴリーの中で扱うという誤りを犯している。われわれが普段道を歩く行為である「歩行」には多くの形態があり、それぞれは異なる目的を持つ。**図表4・3**は、通常の「歩行」を基準として、歩く速度に応じて変わる歩行形態を分類したものである。すなわち、普通に歩く速度を少し速めた行為が「ウォーキング」であり、意図的に遅くしたものが「散歩」である。

ウォーキングは、普段道を歩く速度を意図的に少し上げるか、歩幅を少し広げることによって身体に負荷をかけ、運動の効果を得ようとする身体活動でありスポーツである。ウォーキングを、「目的」という観点から先鋭化させていくと、競技スポーツとしての「競歩」や軍事訓練としての「行軍」、そして身体鍛練である「徒《かち》歩き」といった活動に行き着く。ウォーキングの目的は十分な運動であるが、競歩の目的は歩く速さを競うこと、そして行軍や徒歩きは目的地までの移動が主たる目的となる。反対に、歩行の速度を少し落とし、ゆっくり歩くことによって視界を広げて景色を楽しむ行為は「散歩」と呼ばれる。散歩はスポーツというよりも、むしろ気晴しやレクリエーションに近く、「歩く」という行為に対する目的意識もそれほど明確ではない。変わりゆく景色を楽しみ、リラックスするなど、歩くプロセスを楽しむことに主眼が置かれる。ゆっくり歩くことによって生まれたゆとりが視界を広げ、広がった視界が景色を楽しみ、気分転換を図る余裕を与えてくれるのである。松田良一は、散歩の持つ視界の広さについて次のように触れている。「何よりジョギングより散歩がいいのは、よく見えることである。ジョギングの時には街の光景も意外と見ることができなかったが、散歩はよく見える。立ち止まったり、その気になればうしろ向きだって、引き返すことだってできる。いうならば、街のディテールを捉えることができるのだ。走っているときには、確か植木があることまでは分かっていても、その鉢が何で、花の種類が何であったかは分からなかった。しかし、歩いて楽しもうとしている散歩では、街を見る目が一層クリアになっているのである。どんどん細部に対する新しい発見がある。そして同時に小さな驚きがある。これが散歩の特徴

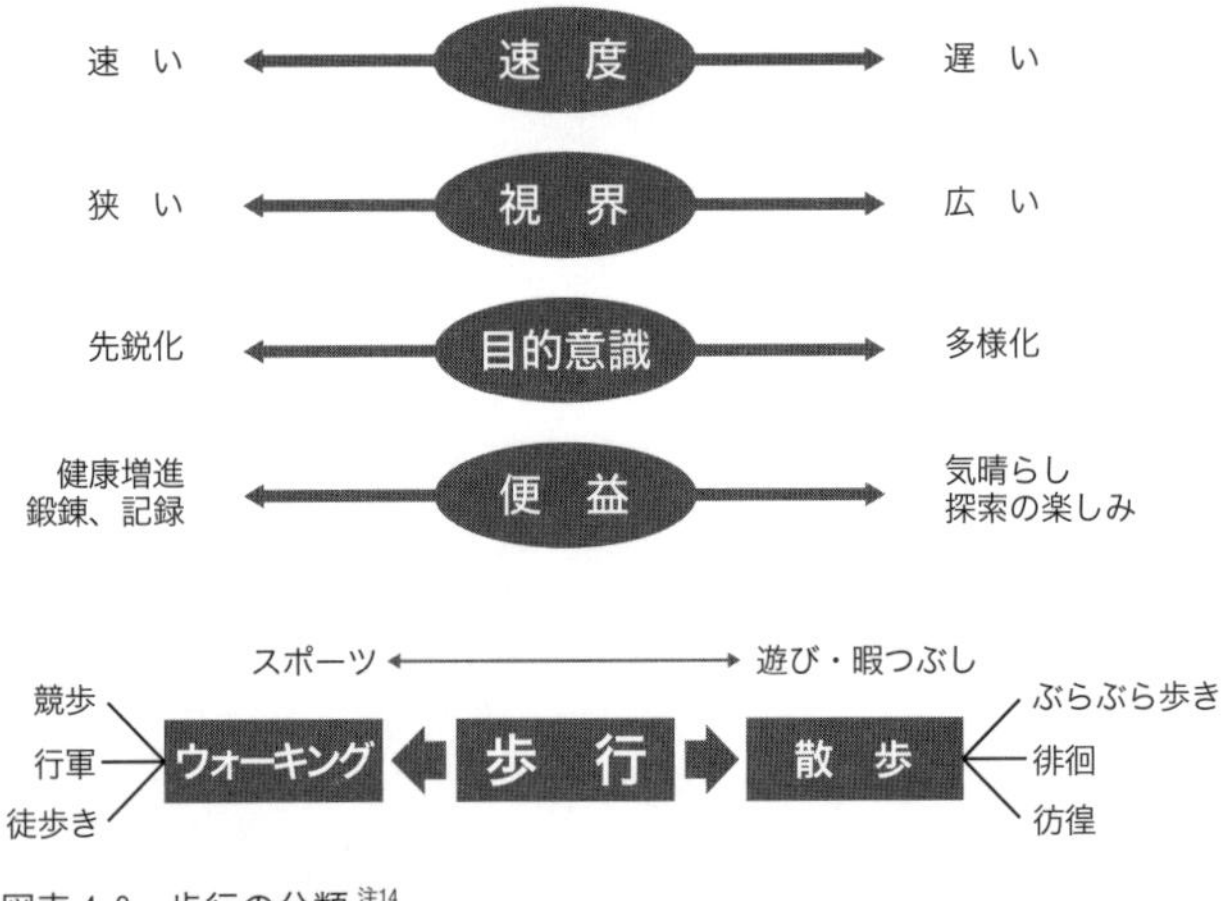

図表4･3　歩行の分類[注14]

であろう」[注13]。散歩の速度をさらに落とし、目的意識をより希薄にした行為は「ぶらぶら歩き」や「徘徊《はいかい》」と呼ぶことができる。これらの行為における目的意識は、散歩よりもさらに不明確になる。ぶらぶら歩きにおいては、歩くことよりもむしろ、景色の鑑賞や他の目的（ショッピングや思索等）に意識が偏る傾向が強まる。ただ徘徊については、「あてもなくうろつく」という目的の無い行為であるため、これを歩行と同じ次元で考えることが正しいのかどうかについては議論の余地が残る。

3 持続的なスポーツイベントの条件

スポーツイベントをめぐる課題

スポーツイベントに対する関心は高まっているが、イベントの誘致・開催においては、イベントがもたらす効果やインパクト（影響）が重要な論点となる。なぜスポーツイベントを行うのか？ スポーツイベントは開催地にどのようなレガシーを残すのか？ 投資（コスト）に見合った効果はあるのか？ 赤字にならないか？ 混雑や交通規制は地元にデメリットを生じさせないか？ など、答えを用意すべき課題は多く存在する。よってイベント主催者は、開催地住民や近隣の商店や観光事業者等に対して、納得のいく説明を準備しておかなければならない。これらのイベントに関係する利害関係者とは、イベントの発案から、計画、誘致、準備、実施、評価という一連の流れの中で、イベントに関与するすべての人々のことを意味する。

スポーツイベントの意味

スポーツイベントとは何か？　という問いに答えるために、イベントを構成する「イベント」「スポンサー」「ファン」の三つを頂点とする三角形（イベントトライアングル）を使うと理解しやすい（図表4・4）。この図で重要なことは、三角形の頂点にある「イベントの主催者」（イベントの権利を所有するライツホルダー等）が、「スポンサー企業」と「ファン・参加者」に向けて、能動的なビジネスのアクションを起こす起点となっている点である。よって、ライツホルダーとなるイベント主催者や組織委員会、そして競技団体は、①と②の矢印をアクティベートできる〈組織のガバナンス〉と〈マーケティングスキル〉を持っていなければならない。

まず矢印①であるが、これはイベント主催者が、スポンサーに向けてファンやほかのスポンサーとの新しい関係やコミュニケーションを確立できるように支援（B2B）することを意味する。具体的には、会場における看板やバナーの掲出、パンフレットへの企業名の掲載といった単純な露出で終わることが多いが、さら

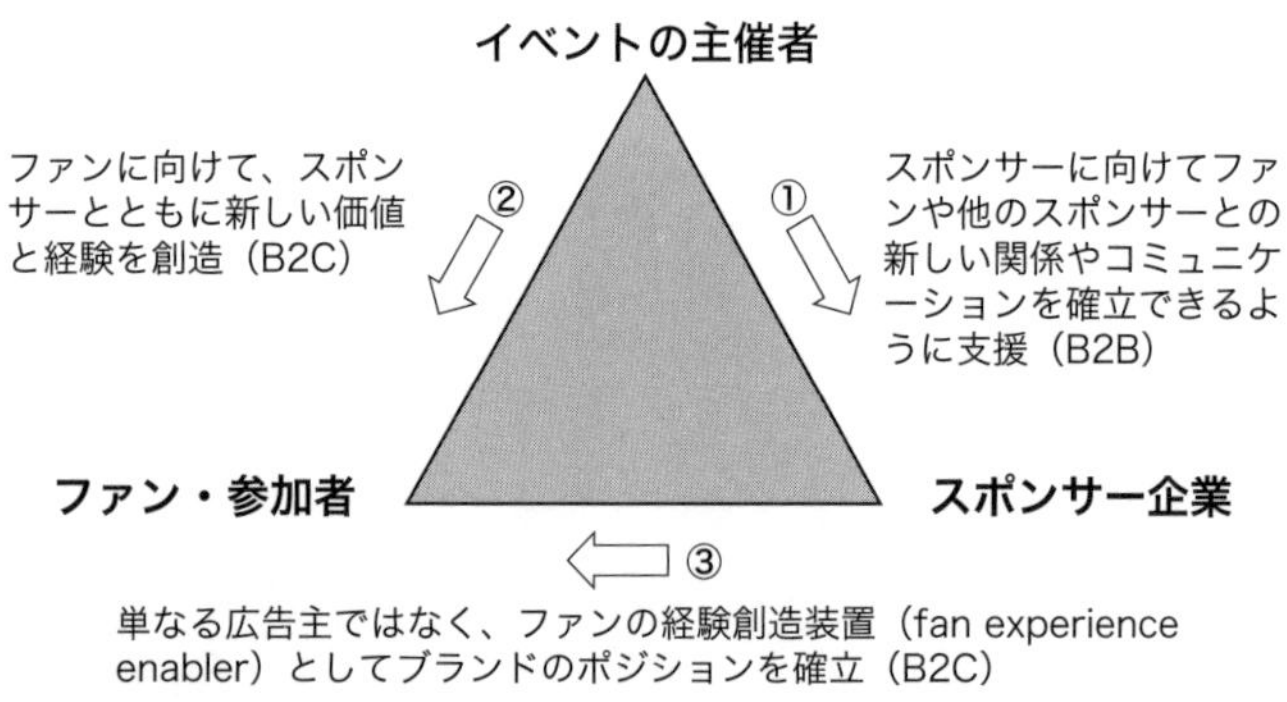

イベントの主催者
ファンに向けて、スポンサーとともに新しい価値と経験を創造（B2C）
②
①
スポンサーに向けてファンや他のスポンサーとの新しい関係やコミュニケーションを確立できるように支援（B2B）
ファン・参加者
スポンサー企業
③
単なる広告主ではなく、ファンの経験創造装置（fan experience enabler）としてブランドのポジションを確立（B2C）

図表4・4　イベントトライアングルの考え方

に一歩踏み込んだ「スポンサーアクティベーション」[注15]の機会を提供することによって、より多くのメリットを企業にもたらすことが可能となる。アクティベーションには、会場でのサンプリング（試供品の提供）や展示会場での販売機会の提供といった地上戦もあれば、ＳＮＳを活用した空中戦もあるが、イベントと協賛企業の持続的な関係構築には、お互いのメリット交換を活発化するマーケティングの知識が不可欠である。

矢印の②は、イベント主催者からファン・参加者に向けた新しい価値と経験の創造を意味する。プロスポーツの観戦者やマラソン大会の参加者にとって、イベントから得られる満足の源（ソース）は多様であり、時間とともに変化する。例えばラグビーワールドカップ（ＲＷＣ）２０１９のホームページには、「規律（discipline）」「インテグリティ」「団結」「リスペクト」という理念が掲げられていたが、ラグビー日本代表チームの活躍を通じて、これらの崇高な理念が具現化され、メディアを通じて国民に浸透していった事実は記憶に新しい。またボランティアによるハイタッチや、ファンゾーンの運営など、巧みな戦略で視祭空間を形成する力を随所で見せつけた。50％に達した視聴率や大会後のラグビーへの関心の高まりを考えた場合、矢印②のアクティベートは大成功に終わったと言わざるを得ない。

矢印③は、スポンサー企業からファン・参加者へ向かうベクトルであるが、ここにおいても、スポンサー企業がファンに向けて行うスポンサーアクティベーションを通して、企業のブランド力を強化し、売り上げを伸ばすための働きかけを行うことが重要となる。例えば、アリーナやスタジアムに広告看板だけを掲出するのではなく、プラスアルファの費用を使って、新商品や当該製品のサンプルをファンに配ったり、商品やサービスの購入に結びつく関連アプリをダウンロードさせる表示を掲げたり、特別な経験を求めるファンに対し、ホスピタリティラウンジ（例えばレクサスラウンジなど）を設置して、付加価値を帯びたサービスを提供する活動等が一般的である。

最後に、スポーツイベントの成功には、①から③がすべてバランスよく機能し、三角形のそれぞれの頂点を形成する「イベントの主催者」「スポンサー企業」そして「ファン・参加者」がウィンウィンウィンの関係を築くことが重要であるが、ＲＷＣ２０１９は、そのような関係が実現した稀有な大会であり、長く人々の記憶に残る歴史的なイベントとなった。

CSVという新しい価値づくり

近年、スポーツイベントを行うことが、開催地が抱える社会的課題の解決に結びつく「ＣＳＶ志向」のイベントの在り方を考える機運も生まれている。第2章で概説したように、ＣＳＶ（共通価値の創造）とは、企業活動によって社会的課題を解決することが、企業の価値と競争力を高めるという新しい戦略フレームであるが、観光というコトづくり事業においても導入することが可能である。

例えば藤野公孝・高橋一夫は、経済的価値の追求が社会的問題を起こす事例として、奈良県吉野市の「義経千本桜」が引き起こす花見の大渋滞を挙げ、それを交通需要マネジメントの導入と交通対策協力金の徴収によって解決した手法を紹介している。[注16] すなわち、渋滞の解消によって観光客のイライラを除去し、時間的余裕のできた観光客による地元での食事や土産物等の消費増を実現するとともに、花見事業の黒字化に成功し、地元住民の生活環境の悪化を防ぐなど、新しい価値創造に成功したのである。

ＣＳＶ志向のイベントも同様に、イベントを行うことが社会問題の解決を誘導し、イベント自体の価値と持続可能性を高めてくれる可能性を持つ。その他にも、高齢化が進む豪雪地域で行う「国際スポーツ雪かき選手権」（一般社団法人日本スポーツ雪かき連盟：北海道小樽市）や、負の遺産となった廃線を観光資源として再生させた「廃線でサイクリング⁉」（ＮＰＯ法人神岡・町づくりネットワーク：岐阜県飛騨市）なども、イベントの成長が地域の課題解決を促進するという、ＣＳＶ志向の文脈を共有するスポーツイベントである。

スポーツイベントに付与される新しい機能

スポーツイベントには、社会の価値意識を変革する「アンプリファイアー」（増幅器）の機能が備わっている。オリンピック・パラリンピック大会は、その象徴的なもので、メディアの関心や論説は、メダルの数やパラアスリートの個人的な背景から、障がい者と健常者の共生やダイバーシティ、そしてソーシャルインクルージョンの促進といった社会的価値へと広がりを見せている。

例えば、障がいを持ったパラアスリートが、スポーツという公平・公正な場で、時に健常者の競技を上回る高度なパフォーマンスを披露したことで、スポーツ観戦を通して「共生社会」への理解が深まり、車椅子でも自由に移動できる「バリアフリーのまちづくり」に対する認識を深める良い機会が生まれた。

ソーシャルインクルージョンとは、障がい者や貧困者を社会から隔離排除するのではなく、社会の中で共に助け合って生きていこうという「社会的な包容力」を意味する。２０１２年のロンドン五輪では、スポーツによってソーシャルインクルージョンを促進するという考えが、明確な形で実践に移された。すなわち、都市開発が遅れ、移民や低所得者が居住していたロンドン東部を、スポーツによってリデザイン（再設計）し、地域の社会的包容力を高めたのである。

このようなスポーツイベントに新しい価値を付与する試みは、今後も広がりを見せるだろう。社会的に排除されているホームレスを対象とした「ホームレス・ワールドカップ」のように、社会的に排除された人々を包摂する、ソーシャルインクルージョンの理念を前面に押し出したイベントや、パラリンピック予選でも話題になったブラインドサッカーのように、視覚障がい者と健常者がサッカーを通じて混ざり合う機会を提供するという、新しい価値提供のイベントに注目が集まっている。

さらにスポーツイベントには、高齢化と人口減で崩壊しつつあるコミュニティ機能を維持する力も備わっているが、これに関しては、以下で詳しく解説したい。

4　スポーツコンパクトシティという考え方

コンパクトシティとは?

コンパクトシティとは、サステナブル（持続可能）な都市空間の再編成を目指す、都市政策モデルの一つである。日本においても、高齢化と人口減の議論が本格化する中で、経済成長とともに無秩序な拡大（スプロール現象）によって膨張した都市を、歯車をゆっくり逆回転させるようにコンパクト化する試みが各地で行われている。そこで今回は、コンパクトシティの考えをベースに、スポーツまちづくりの可能性について考えてみたい。

コンパクトシティの特徴は、1点目に交通の利便性がある。自動車だけに依存せず、徒歩や自転車によって移動可能な範囲に日常の生活機能が配置される地域的な自足性（事足りること）があることが望まれる。アメリカには、スポーツや身体活動に重きをおいた街づくりを推進する取り組みの一つとして「アクティブ・トランスポーテーション」がある。この概念は、エンジンやモーターのような受動的（パッシブ）な移動手段に頼るのではなく、徒歩、ジョギング、スケートボード、自転車、そして車椅子などを交通手段とし、自分の力で積極的（アクティブ）に移動することを意味する。

2点目は、文化性である。これは、地域の中に歴史や文化を伝えるものが継承され、独自の雰囲気を持つ街であることを意味する。コンパクトシティとして重要なのは、一般的な都市機能だけに留まらない地域としての持続性であり、特別秀でたものでなくとも、地域の持つ文化面を継承することにより魅力が高まることである。その意味からも、歴史的な建造物や美しい街並みなど、観光面でアピールできる資源を保有していることが望ましい。

3点目はソーシャルフェアネス（社会的公平性）である。居住者とその暮らし方、そして建物や空間の多様さがある一方、健常者、障がい者、ＬＧＢＴなど多様な特徴を持った住環境が整備されるとともに、多様な観光客を受け入れる地域の包容力も必要である。観光客の受け入れに関しては、多様な価格帯の宿泊施設やプランの提供を行い、バックパックを担いで旅する若者から車椅子のお年寄りまで、幅広い層の滞在を可能にする地域づくりの展開と、交流人口の拡大を狙う必要がある。

スポーツまちづくりとコンパクトシティ

海道清信は、欧米で考えられているコンパクトシティの原則を九つにまとめている。[注17] ここですべてを紹介することはできないが、「高い居住と就業などの密度」「多様な居住者と多様な空間」「自動車だけに依存しない交通」「日常生活の持続性」といった項目に加え、「地域運営の自律性」といったコミュニティ活動の重要性を掲げている。これは、後述するように、市民や住民の交流が活発で、赤の他人同士が知遇を得る「装置」(例えばスポーツクラブ)を備えたコミュニティが形成され、地域の現状や将来に対して主体的に参加できる地域自治のあることが前提となっている。

これに関しては、双方向型のコミュニケーションツール(SNS等)が普及した現代社会において、情報通信技術(ICT)を含む様々な技術革新の成果の活用によって、ある価値観に共鳴した人がSNSでつながり「新たなコミュニティ」が形成される可能性がある。そこで必要とされるのが、多様な人々が集まることができる「場」、多様な人々を集める「機能」、そして多様な人々をつなげる「仕組み」である。特にスポーツまちづくりにおいては、プロスポーツが、重要な役割を担う。すなわち、ファン・コミュニティを形成する場と機能、そして仕組みを提供してくれる点に注目すべきである。ファン・コミュニティが拡大することで、地域愛着度が深まり、地域の衰退に歯止めをかけることが可能となる。[注18]

スマート・ベニューとスマートシティ

今後、コンパクトシティとスポーツまちづくりについて議論を深めていくには、時代に対応した「スマート・ベニュー」や「スマートシティ」の考えを融合させた、新しいまちづくり像が必要である。

その一つが、新たに建設されるスタジアムやアリーナを核とした「スマート・ベニュー」構想である。日本政策投資銀行によれば、スマート・ベニューとは、周辺のエリアマネジメントを含む、複合的な機能を組み合わせたサステナブルな交流施設であり、税収や雇用の増加といった経済的価値に加え、地域内外の人々の交流空間としての機能や、防災拠点といった社会的価値の両面を創出するものである。具体的には、スタジアムやアリーナといった多機能複合型施設を街の中心に建設し、市街地に賑わいと経済的なインパクトをもたらすという考え方である。新潟県長岡市に建設された「アオーレ長岡」は、Bリーグの「新潟アルビレックスBB」が本拠地にする「アリーナ」と、屋根付き広場である「ナカドマ」、そして「市役所」や「市民交流施設」が一体となった多機能複合型施設であるが、中心市街地の活性化やコンパクトシティ化の核となる施設として注目を集めている。

最近では、ICT（Information and Communication Technology）やIoT（Internet of Things）、そしてロボット、AI、次世代モビリティサービスなど、急速に発展する多様なテクノロジーを、これからのまちづくりに活用しようとする動きも盛んである。これが「スマートシティ構想」であり、国土交通省によれば、「都市の抱える諸課題に対して、ICTなどの新技術を活用しつつ、マネジメント（計画、整備、管理・運営など）が行われ、全体最適化が図られる持続可能な都市または地区」と定義されている。

その一方で、地域における様々な課題を、ＩＴを使って解決する「シビックテック」という取り組みがある。一つ例を挙げると、石川県の奥能登地方で、子育て中の母親が孤立しているという地域課題を解決するために、「のとノットアローン」という子育て応援アプリが開発された。具体的な機能としては、奥能登地方で開催される子育てイベント情報の集約、地図情報の掲載、そして子育てに関する悩みを相談できる連絡先の案内などが含まれているが、地理的なハンディを乗り越えて、同じ悩みを持つ母親のコミュニティを形成することを可能にする有益なアプリである。[注19] このアプリは、前述したように、人が集まる「場」と、人を集める「機能」、そして人と人をつなぐ「仕組み」の提供を可能にするものである。

海外の事例：スマートシティとスポーツ

日本でスマートシティとスポーツが組み合わされた事例はないが、アメリカでは、スポーツとエンターテインメントによるスマートシティ構想が動き出している。その一つの例が「ジョンソンコントロールズ殿堂ビレッジ」（Johnson Controls Hall of Fame Village）である。「ジョンソンコントロールズ」はビル管理会社であるが、防災・セキュリティシステムやコスト管理、ＨＶＡＣ（空調冷熱機器）まで施設の総合的な管理システムを提供する会社として、オハイオ州カントンにある「プロフットボール殿堂」（Hall of Fame）の「オフィシャル・スマートシティ・パートナー」として18年間の命名権を獲得している。さらに毎年夏に開かれるプロフットボール殿堂のセレモニーやイベントも、ジョンソンコントロールズがスポンサーとなるなど、施設の管理からイベント運営まで、包括的なスポーツまちづくり事業を展開している。

5 スポーツによるコミュニティ再生

コミュニティスポーツの再考

コミュニティスポーツは、日本が高度経済成長期に突入し、経済最優先の社会へと転換した1960年代から1970年代に注目されたスポーツ振興政策の一つである。当時は、働くことが美徳とされ、長時間労働が一般的だった時代で、地域の連帯感の希薄化や生きがいの喪失が社会問題としてクローズアップされるようになった。そこで注目を集めたのが、コミュニティという生活の場を介して、人間連帯の回復を求める手段としてのスポーツの役割であった。1973年に経済企画庁が発表した「経済社会基本計画」の中では、コミュニティスポーツは、日本経済の高度成長の中で失われてきた「ふるさと」を再建し、人びとの心のよりどころや連帯感を生み出す地域活動の一環と考えられた。

当時の社会課題は、長時間労働によるコミュニティの「崩壊」であり、働き手（世帯主でほぼ男性）が地域と疎遠になることによって起きる地域活動の停滞であった。その一方、現代の地域が直面する社会課題は、急速な高齢化と人口減によるコミュニティの「消滅」であり、問題はより深刻化している。

深刻化する社会課題

日本は、先進諸国の中でも特に少子高齢化の進行が顕著である。この現象の厄介なところは、台風や津波のような天災や、建造物の崩落や自動車事故のような人災と異なり、目に見えないところで時間をかけて、ゆっくりと静かに、国土全体で進行する点にあり、大規模な国際人口の移動（例えば移民政策）がない限り確実に悪化する。2018年に生まれた子どもの数は、前年より2万7千668人少ない91万8千397人となり、統計を取り始めた1899年以降最低となった。1人の女性が生涯に産む子どもの数を示す合計特殊出生率も、前年より0・01ポイント少ない1・42で、改善する兆しは見えていない。

「日本全体の人口減」については、少子高齢化の影響が強く、この流れを止めることはできないが、「地域別の人口減」は、転出・転入の影響を強く受ける。すなわち、地域における人口減は、主に若者の転出が最大の要因であり、特に若い女性の流出によって、未来の人口増の可能性が消滅する。衰退が止まらない地方都市では、医療や介護等の行政サービスの低下や雇用の減少など、住むことが困難な状況が生まれる。

そうなると、店を閉じる「店じまい」や、墓を処分する「墓じまい」と同じ文脈で、住む人がいなくなった町を閉じる「街じまい」が、各地で頻出することになる。人口減少によるサバイバルレースに負ける自治体がその対象となるが、その一方で、ある一定の人口を保ちつつ、行政機能を維持できる自治体も多数存在する。では、その違いはどこにあるのだろうか？　一つの手掛かりになるのが、若年層の流出を防ぐコミュニティの存在であり、そこにおいてスポーツやスポーツイベントがどのような役割を果たすかを検証することは、今後のスポーツ政策を考える上で重要な作業となる。

若年層の流出を防ぐコミュニティの創出

高松平藏は、ドイツの社会都市論を援用しつつ、都市を「地縁・血縁」の前近代的な人間集団ではなく、「赤の他人」の密集空間であると考え、都市機能の一つとして、赤の他人同士が知り合う「装置」が必要であると指摘した。[注20] それが、都市を「赤の他人」の集まりから「コミュニティ」要素のある空間にするための文化政策やＮＰＯ（に相当する組織）であり、例えばドイツの場合、全国に８万強ある地域密着型のスポーツクラブが、この機能を果たす不可欠の装置として存在している。

ドイツのスポーツクラブは、日本の同好会のような仲良しクラブとは異なり、スポーツ施設の計画・建設・運用についても、対象区域内のクラブが深く関わるなど、都市経営の一翼を担う点が特徴である。よって日本においても、現在のスポーツクラブを、都市経営に関わることができる事業経営体へと発展させ、文化や観光を取り込むことによって経営規模を拡大し、都市に新しいコミュニティをつくる装置として活用するための議論が必要となる。具体的には、法人化された事業経営体としてのスポーツクラブや、アウターの機能だけでなく、インナーの機能も併せ持った地域スポーツコミッション等の新しい地域スポーツの司令塔が必要であり、都市経営のアクターとして、確固たる地域を築く必要があると考えられる。

地域主導で成功させるノン・メガ・スポーツイベント

コミュニティを築く上で、もう一つ重視されるべき装置として、地域主導のスポーツイベントがある。スポーツイベントにおいては、普段の生活で顔を合わす必要のない多様なアクター（人材）が、イベントの企画・実施のために一堂に会し、話し合いを進めるところに醍醐味がある。これは地域の祭りも同じく、イベントの準備や片付けのときにも、新しい情報環境やコミュニケーションの場をつくることができるなど、地域のコミュニティづくりのために、有用な装置として機能する。

以下に二つのノン・メガ・スポーツイベントを紹介したい。富山県南砺市利賀村は、人口わずか5百人強、高齢化率が約40％で、複数の限界集落を抱える小さな自治体であるが、毎年実施している「TOGA天空トレイルラン」が第4回スポーツ振興賞において「スポーツ庁長官賞」を受賞した。筆者は審査委員長として選考に関わったが、受賞の理由は、まさに高齢化と人口減という危機的状況の中、スポーツイベントによるコミュニティの維持・発展を試みる努力が評価されたからである。「地図を引っ張り出して、村の森林組合や高齢者に聞き取りしました。舗装される前に集落と集落を繋いでいた山越えの道の存在を聞き出しては、実地調査に入り、地図にマーカーする。その繰り返しでしたね。なんども藪漕ぎをして、村民総出で草刈りをし、古道や廃道を復活させたわけですけど、苦労しました[注21]」という関係者のコメントは、スポーツイベントによるコミュニティ形成のプロセスを活写する貴重なデータである。

もう一つは、2019年に4回目を迎えた兵庫県佐用町の「いなちくロングライド」である。同町は、人口1万7千5百人で65歳以上の高齢化率が43・0％（全国平均は28・9％）の消滅可能性都市であるが、ここで開かれたスポーツイベントが「優良なノン・メガ・スポーツイベント」（Hallmark non-mega sports event）として自走化に成功した。スタートから3年目までは、一部地方創生交付金を使って実施されたが、4回目からは自走化に成功している。回を追うごとにイベント運営に改善が加えられ、大会参加者の満足度と再参加意図は極めて高くなっている。

以下に示すのは、２０１８年大会の実行委員会の依頼を受けて、筆者の研究室がまとめた報告書からの抜粋である。[注22]

- 参加者の平均年齢は44歳で、年齢は10代から60代後半まで、きれいに正規分布している。参加者の7割は兵庫県内から来訪するなど、日帰り行楽圏のアクティビティとなっている。
- 初めての参加が56・6％で2回目が27・7％、そして3回目が15・7％であった。イベントの持続性のある発展には、毎年3割程度の新陳代謝（すなわち初参加者）が必要であるが、本イベントでは、より多くの新規参加者が獲得できている。来年あたり、4回連続参加のライダーがいれば、ロイヤルカスタマーとして何らかの形で表彰（発表）することも重要だと思われる。
- 全体の46％が知人や友人、31％がウェブサイトから本イベントの情報を得ている。よって口コミによるバズマーケティングやウェブサイトの次年度に向けた定期的更新が重要となる。
- 宿泊したのは全体の1割で、3割が1人で参加している。お一人様マーケットへの対応も考慮すべきであろう。

・経済効果に関しては、参加者の商圏が狭くて日帰り参加者が多いため、それほど大きな額にはならなかったが、それは宿泊客が少なく、イベント後も地元でお金を使う場所や仕組みがないためである。地元でしか使えないクーポン券を配布するなど、地元にお金が落ちる仕組みがあることが望ましい。

・チェックポイントで最も満足度が高かったのは、ロング・ショートともに佐用町役場（ゴール）であった。

地方で開かれるスポーツイベントの本質は、開催地のファンづくりにある。佐用町のように、有名な観光資源がない自治体では、交流人口を増やすことは困難である。その場合、一時的に多くの参加者を集めるスポーツイベントは、佐用町のファンづくりに重要な役割を果たすとともに、隠れた観光資源を顕在化させることが可能である。実際、ロングライドに参加した人の満足度と再訪意図は高く、佐用町に対しても良いイメージを持つなど、ファンづくりは着々と進んでいる。佐用町のスポーツまちづくりにおいては、これまでのロングライド参加者を顧客化し、四季を通じた観光マーケティングのターゲットにする戦略が必要とされる。

注

注1：原田宗彦『スポーツ都市戦略』学芸出版社、2016年

注2：令和元年6月21日に閣議決定された「まち・ひと・しごと創生基本方針2019」の中で、「スポーツ・健康まちづくりの推進」に関しては以下のように述べられている：「本年秋にはラグビーワールドカップ、第2期がスタートする2020年には東京オリンピック・パラリンピック競技大会が開催され、スポーツへの関心が高まるとともに、海外から訪れる多くの方が日本各地に足を運ぶことが期待される。この絶好の機会を逃すことなく、地域の更なる活性化に取り組む必要がある。また、地域でのスポーツツーリズムの開発や集客力を有するスタジアム・アリーナなどの施設、情報発信力、ひとや企業をつなげるハブ機能を有するプロスポーツチーム等の有効利用による地域経済活性化のほか、スポーツを通じて健康増進を図ることも重要である。2020年を契機に「スポーツ・健康まちづくり」を更に推進するため、関係省庁が連携する新たな枠組を設けることにより、これまで進められてきた取組を発展させるとともに、必要な環境整備に向けて、具体的な目標の設定等を検討する」

注3：「スポーツ・健康まちづくり」を目指す自治体は、地方版総合戦略の策定の中で、総額1千億円の地方創生交付金を獲得するための事業計画の提案が可能となる。

注4：スポーツ庁による「スポーツによるまちづくり・地域活性化活動支援事（令和2年度）では、6千545万6千円の予算が確定している。

注5：過去1年間にスポーツを実施したかどうかは「スポーツ行動者率」という概念で示されるが、現在では、週1回以上の定期的なスポーツ実施を把握するために、「スポーツ実施率」という概念を用いている。

注6：原田宗彦「スポーツマネジメントの時代51：スポーツイベント論⑮－スポーツ地域戦略のマーケティング：スポーツ実施からアクティブライフへ」月刊体育施設、2017年8月号

注7：英国では、特定種目の実施率を測定するのではなく、自分が1週間に何分程度アクティブであったかを調べる「アクティブライフ成人調査」と「アクティブライフ子ども調査」を実施している。2019年調査では、非活動的（30分以下）が24・8％、適度に活動的（30分～149分）が12・0％、活動的（150分以上）が63・2％であった。活動的であるほど生活満足度や自己肯定感が高いことも明らかになっている。英国の調査については、以下の報告書が参考になる：Sport England "Active lives adult Survey May 18/19 Report." October 2019

注8：経済解析室「シニア層の健康志向の高まり、そして地域別人口に影響されているフィットネスクラブ～初めての経済センサス－活動調査結果も踏まえて～」平成27年2月26日〈https://www.meti.go.jp/statistics/toppage/report/bunseki/pdf/h26/h4a1502s1.pdf〉

注9：博報堂「シニアから新大人へ、新型50・60代に」その①「新大人はこれまでの同世代と違う〝新型50・60代〟」新大人研レポートVol.17、2015年10月8日〈https://www.hakuhodo.co.jp/news/newsrelease/23342/〉参照

注10：コホート分析では、消費者の意識や行動に影響を与える変数として、「時代効果」（時代による変化であり、世代や年齢に関係なく起きる）、「加齢効果」（加齢による変化で人が一定の年齢に到達することで変化する意識や行動で「年齢効果」とも呼ばれる）、そして「世代効果」（ある時期に生まれ育った世代固有の意識や行動）など、三つの考え方がある。

注11：日本フットパス協会のウェブページ〈https://www.japan-footpath.jp/〉から引用

注12：神谷由紀子『フットパスによるまちづくり』水曜社、２０１４年

注13：松田良一『散歩の詩学サンポロジー』駿しん堂出版、１９９８年、25頁

注14：原田宗彦「スポーツが都市《まち》を変える」勤労者福祉施設フレッシュシリーズNo.11、財団法人勤労者福祉施設協会、２００１年、50頁より引用。

注15：スポンサーアクティベーションとは、スポンサーである企業が独占的に獲得した種々の権利を最大活用して、スポンサー企業が得るメリットを最大化するための諸活動である。そのためには通常、スポンサーとして支払う金額と同額以上のアクティベーション費用が発生するが、日本企業ではこの点の理解が不足している。

注16：藤野公孝・高橋一夫『ＣＳＶ観光ビジネス　地域とともに価値をつくる』学芸出版社、２０１４年

注17：海道清信『コンパクトシティ　持続可能な社会の都市像を求めて』学芸出版社、２００１年

注18：筆者は、『スポーツ都市戦略』（学芸出版社、２０１６年、62～63頁）において、プロスポーツファンの地域愛着度が、その他の住民よりも有意に高いことを指摘し、プロスポーツの振興がコミュニティの弱体化を防ぐ手立てになる可能性を示唆した。なおプロスポーツに関しては、Ｊリーグのセレッソ大阪が運営する5カ国語の公式Facebookページが、２０１6年12月に「いいね！」数を百万件に伸ばすなど、グローバルファンのコミュニティ形成に対する影響力の大きさが示された。さらに最近では、「いいね！・コメント・シェア・クリックを行った人数」÷「投稿がリーチした人数」から、Facebookのエンゲージメント率アクションを導き、マーケティングに活用する動きが一般化してきた。

注19：稲継裕昭編著『シビックテック』勁草書房、２０１８年

注20：高松平藏「補助的プログラムとしてのドイツの『社会都市』」NIRA My Vision (40)、２０１９年、19頁

注21：TrailRunner.jp〈http://trailrunner.jp/toga_1.html〉を参照

注22：早稲田大学スポーツビジネス・マネジメント研究室「いなちくロングライド２０１８参加者報告書」２０１９年1月（未公刊資料）

第5章

地域スポーツを支える新しいマネジメント手法

1　公民連携による効率的な施設マネジメント

地域スポーツが行われる「場」の変化

令和の時代になり、地域スポーツを取り巻く環境は大きく変化している。従来、地域スポーツを支えてきた学校体育施設や社会教育施設が、時代の変遷とともに、その役割を終えるケースが頻出している。その典型が、少年自然の家や青少年旅行村、そして野外活動センター等の、高度経済成長期に整備された青少年向けの教育施設である。少子化が進行し、児童生徒数が減少する中で、かつてのような1学年4百人が宿泊できる学校集団研修の場は必要でなくなり、全面的な閉鎖や、一部を閉鎖して残りの施設を指定管理に委ねるなどの措置が施されている。

施設が全面的に閉鎖された事例としては、1967年に大阪府能勢町に開設された大阪府立総合青少年野外活動センターがある。同センターは、府の外郭団体の職員と大学生のキャンプリーダーが施設管理とプログラム運営を行う、当時としては画期的な宿泊型研修施設であり、延べ人数にして5千人近い大学生ボランティアが運営を支えた。約180万平方メートルの広大な敷地に七つのキャンプ場を持ち、1千2百名の収容人員を誇る施設は、高度経済成長期の野外教育やレクリエーション需要に応える重要な役割を担った。センターの管理棟や宿泊棟は、20世紀の日本を代表する建築家である坂倉準三（1904〜1969）の設計によるもので、1967年の日本建築学会賞を受賞するなど、デザインと機能性という点で注目を集めた建造物であった。しかしながら、大阪のアウトドア文化を育てた同センターも、利用者の減少によって2011年に閉鎖が決まり、現在は再利用された一部の敷地を除き、すべての施設が廃屋となっている。

その一方で、廃止された施設に新しい役割を付与し、再生することに成功したケースも存在する。その一つが、1973年に建てられ、2017年3月に廃止され、同年10月に「日本初の泊まれる公園」という新しいコンセプトで再生した沼津市立少年自然の家である。事業者の選定にあたっては、発注者が仕様書をつくるのではなく、自由な提案を受け付ける「対話型調査」という方法が用いられた。指定管理者を選ぶ場合、民間事業者が持ち込む様々な「提案」を審査するが、「対話型」の場合は、活用意向・アイデアのある民間事業者と〝対話〟することによって最も良い案を選定することになる。

このような公募型プロポーザル方式によって沼津市は事業者選定を行い、公共空間の再生に取り組む「株式会社R不動産」が選定された。学校集団生活の場であった宿泊棟やダイニングホールは、ファミリーや仲間が快適に過ごせる、デザイン重視の美しい空間にリノベーションされ、「INN THE PARK」という高級感あふれる施設へと姿を変えた。公共施設がリノベーションによってアップグレードされ、新しい顧客層へリーチすることで人気が復活するケースは、古民家再生事業とよく似た現象である。

スポーツが行われる場は、スタジアム、アリーナ、野球場、テニスコートといった建造物であることが多いが、山、川、海、森、湖、といった自然環境の中で行われるアウトドアスポーツもある。さらに道路や広場、そして歩道や公園など、ルールや勝敗を伴わない軽スポーツやエクササイズ（例えばウォーキング）が行われる都市空間も重要な場である。

スポーツ施設は有限だが、スポーツ環境は無限である。このように考えれば、スポーツの概念も大きく拡大する。都会ではトライアスロンやマラソンといったエンデュアランス（持久）系のスポーツイベントの大会や、最近注目を集めるアーバンスポーツ、[注1]そして田舎では、自然環境を存分に活用したアウトドアスポーツを楽しむことができる。

「稼ぐ」スポーツのスキーム

これまで地域スポーツの振興は、社会教育の一環として、ビジネスとは無縁の世界で発展を遂げてきた。すなわち、自治体が施設を整備し、指導者を育て、クラブの育成に補助金を提供する行政主導のスポーツ振興である。よって従来の地域スポーツには、地域経済を動かす力もなく、まちづくりに寄与するアイデアも生まれてこなかった。

第1章で述べた総合型地域スポーツクラブには、行政主導のスポーツ振興を民主導へと大きく転換させる狙いがあり、地域の隅々にまでスポーツ参加機会を提供するとともに、逼迫《ひっぱく》する行政の予算を削減することもできる都合の良い政策であった。しかしながら、総合クラブ化にともなう既存のスポーツ団体との軋轢《あつれき》や、補助金ありきの運営体制などにより、数合わせのように量的拡大だけが目標となった経緯がある。人口減と高齢化が進展し、税収減による行政サービス水準の低下が現実味を帯びる日本において、すべての住民に対して健康的でアクティブな生活を保障するには、ビジネスの力を活用した「稼ぐスポーツ」のスキームが不可欠となる。

スポーツには施設やフィールドが必要であり、その多くが公共施設として整備されてきたが、老朽化にともなう維持管理コストの増大や、利用者の減少にともなう収益減など多くの課題を抱えている。現段階では、公共施設の大半が、収益とは無縁のコストセンター化しているのが実情である。

２０１７年３月24日に公表された「第二期スポーツ振興基本計画」には、今後５年間に総合的かつ計画的に取り組む多様な施策が盛り込まれた。その中には、スポーツの成長産業化と、地域活性化の基盤としてのスタジアム・アリーナの実現といった新しい政策課題がある。このような動きの背後には、体育からスポーツへ、そして補助金頼みのスポーツ振興から「稼ぐシステム」を内包した民主導のスポーツ振興へという大きなパラダイムの転換が存在する。

しかしながら、地域にある体育館や陸上競技場、そしてプールや野球場など、老朽化が進む施設も多く存在し、所有者である自治体にとって、施設の更新は大きな課題である。その一方で、前述の「沼津少年自然の家」のように、役割を終えた公共施設を、公民連携のスキームを使って時代のニーズに合わせてコンバージョンすることで、収益を生む施設として再活用できる可能性も広がりを見せつつある。

そこで以下では、施設やフィールドの新しい活用方法として、自治体の負担を軽減し、民間の力を最大活用する新しい公民連携の事例を紹介するとともに、スポーツ環境の整備という視点からパークマネジメントの考えを盛り込んで、新しいスポーツ地域マネジメントの方向性を探ってみたい。

必要とされる新しい公共スポーツ施設の運営スキーム

スポーツの世界におけるビジネスイズムの浸透には、伝統的な制度や慣習の厚い壁が立ちはだかっている。その中でも特にビジネス化が遅れているのが公共スポーツ施設であり、収益を期待する施設ではなく、公益的な目的のために、税金の投入によって運営される「コストセンター」という認識が一般的である。

その流れを変えたのが、1999年に制定されたPFI法によって始まった「官民連携事業」（PPP）である。これは、民間の資金や経営能力、技術的能力を活用して公共施設の整備を促進するためにつくられた制度であり、PFI法の導入を契機に、民間の発想に基づく施設運営の手法が徐々に定着することになる。

図表5・1に示したのは、「資産保有」を縦軸に、そして「事業運営」を横軸に置き、官民の事業を四つに分類したイメージ図である。左下に位置する「公設公営」は、従来の公共事業サービスであり、官民連携のスキームとは異なるため、

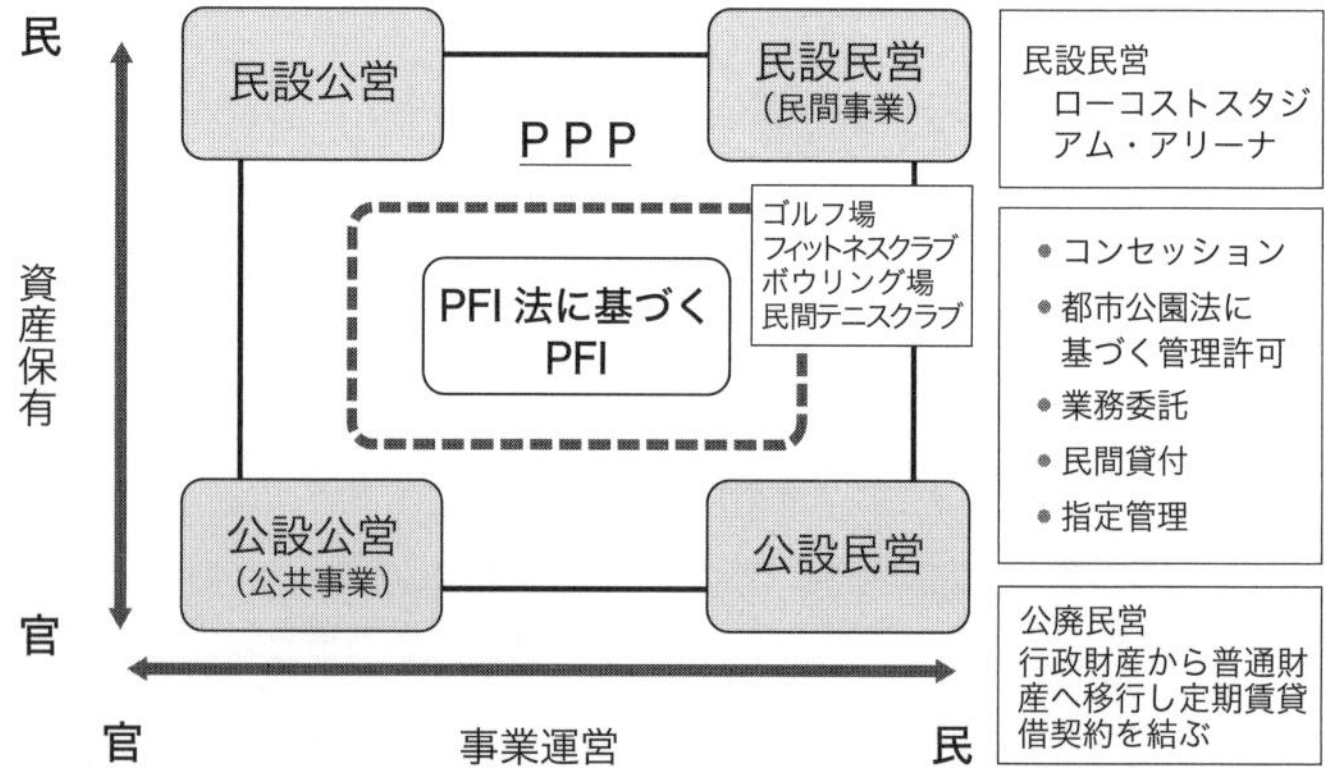

図表5・1　官民連携事業の分類（出典：日本経済研究所に加筆）

ここでは説明を省きたい。また左上の「民設公営」の事例は、公共施設および民間施設の整備を民間事業者が一括して実施し、公共施設については所有権を地方公共団体に移転し、そのまま（直接または委託によって）管理・運営を行うケースである。例えば岩手県紫波町のオガールプラザのように、民間が整備した施設を公共が買い取り、地域交流センター、図書館、子育て支援センターとして公共サービスを提供している。スポーツ施設として稼ぐ力を期待されているのは、図表5・1の右上と右下にある「民設民営」と「公設民営」との間に存在する多様な事業スキームである。

民設民営の新しい動き

民設民営のスポーツ施設には、ボウリング場やフィットネスクラブ、そしてゴルフ場や民間テニスクラブなど、民間のレジャー・フィットネス施設として建設されたものが多く、体育館や陸上競技場などの公共スポーツ施設とは性格を異にしてきた。その理由は簡単で、そもそも民間施設と公共施設の使用目的が異なり、野球場のように、種目と利用人数が限定されているため、建設にコストがかかる割に収入が期待できず、資金の回収が困難であるため、民間施設として建設する経済合理性が存在しないのである。

しかしながら最近では、Jリーグに所属する「ガイナーレ鳥取」がゴルフ場跡に建設した「YAJINスタジアム」（約4億円）や、自治体から無償貸与された土地に、Jリーグ入りを目指す「FC今治」が建設した「ありがとうサービス．夢スタジアム」（約3億円）などの、民設民営のローコストスタジアムも誕生した（写真5・1）。アリーナに関しては、UR都市機構が所有する土地に固定資産税の減免措置を受けて民間が建設した「ゼビオアリーナ」や、民間企業が所有する土地に民間企業が建設した「アリーナ立川立飛」など、民が建設し、民が運営するローコストのスポーツ施設が増えつつある。これらの施設に共通するのは、華美な装飾や余分な機能を削ぎ落し、スポーツを見せる機能に特化した点にある。

スポーツファシリティに関連した多様な公設民営のスキーム

次に、図表5・1の右側にある四角形の部分を説明しよう。公設民営の代表的な官民連携事業は、公が定めた計画を民が執行する「指定管理者制度」であるが、これについては後述する。このほかに、例えば楽天球団が費用負担の上で宮城球場を改装して使用する「都市公園法に基づく管理許可」や、国や自治体が施設を保有したまま運営権を民間に売却する「コンセッション」など、上に行くほど民営化の色合いが濃くなる。折しも政府は、2018年にPFI法を改正し、公共施設の運営権の民間開放を推進する方針を定めたが、2020年の東

写真5・1　ガイナーレ鳥取が建設した民設民営のチュウブYAJINスタジアム
（出典：ガイナーレ鳥取のホームページ注2）

京五輪において、バレーボール会場として使用される予定の有明アリーナも、日本初のコンセッション方式で運営されることが決まった。[注3]

コンセッションとは、公的機関（発注者）が民間事業者（受注者）に対して「運営権」を売却することで行政の財政的負担をゼロにし、業務を効率化して住民サービスの質的向上を図るというスキームである。その一方で、事業を請け負った民間事業者は、マーケット・リスクを背負いながら創意と工夫で事業収入の増大を図り、収益の一部を公共機関へ還流するなど、社会的に価値ある仕事を行うことが可能となる。

さらに、これまで民間事業者が公的機関の所有物を担保に資金調達を行うことは不可能であったが、コンセッション方式では、公共施設等の事業を運営する権利を「運営権」として無形固定資産化することができるようになり、それを担保として銀行や証券市場から資金調達を行うことが可能となるなど、今後、稼げる可能性がある公共スポーツ施設への導入も増えることが期待される。

指定管理者制度の問題点

ＰＦＩ法の延長線上にあるのが、２００３年９月施行の地方自治法一部改正により創設された指定管理者制度である。これは、第２章で概説した英国のＣＣＴを参考にして制度設計された「公の施設」の管理運営に関する制度で、これを契機に、公共施設の運営を民間に委ねる流れが一気に拡大した。[注4]この制度は、ある一定期間、民間事業者に対して指定管理料を払いながら、行政が定めた計画の代執行を行う制度として定着したものの、スポーツ施設の「プロフィットセンター」化に向けた最適解を提供できるには至っていない。例えば、利用料金制度[注5]の導入によって事業意欲の創出が図られてはいるが、実際は、稼げば稼ぐほど補助金が減額されるケースもあり、ある意味、イノベーションを阻止する制御装置が内包された制度とも言える。

現行の指定管理制度が抱える問題点に関しては、スポーツ庁と経済産業省がまとめた「スタジアム・アリーナ整備に係る資金調達手法・民間資金活用プロセスガイド」（平成29年5月）の中で、次のように指摘されている。

- 一般的に指定管理の期間は3年から5年程度と短く、長期的な視点に立った運営や、専門的な人材の確保・育成が困難である。
- 指定管理の期間や「管理代行者」としての側面が強いため自由な投資活動が難しく、民間事業者の自由度の高い運営による創意工夫が活かされにくい。
- 施設整備の経年劣化による潜在的なリスクを誰が担うのかが不明確である。
- 運営事業者は行政から受け取る指定管理料を収入源としており、実質的な事業リスクを負っていないため、積極的に収益性の向上に取り組まない可能性がある。

指定管理者制度の弾力的な運用がもつ可能性

最近の動向としては、指定管理者制度をより弾力的に運用し、上記の欠点を克服することで、事業化を推進する動きが活発化しているが、その先駆けとなったのが「千葉マリンスタジアム」（現在はＺＯＺＯマリンスタジアム）である。

プロ野球のロッテが川崎から千葉に移転した１９９２年、球団は千葉市が運営するマリンスタジアムを借りる一事業者に過ぎなかった。図表５・２に示すように、球団興行にかかる入場料収入と売店収入、そして（球場内の）広告収入、年間席収入、テナント収入はすべて管理運営の受託者である「株式会社千葉マリンスタジアム（ＣＭＳ）」の収入となる一方で、球団は、スタジアムに対して施設利用料と共益費を払うなど、収益など望むべくもないスタジアム中心の収益構造であった。しかしながら、チームがスタジアムの管理運営にまったく関与できない状態は、２００６年の新しい事業スキームの導入で一変する。

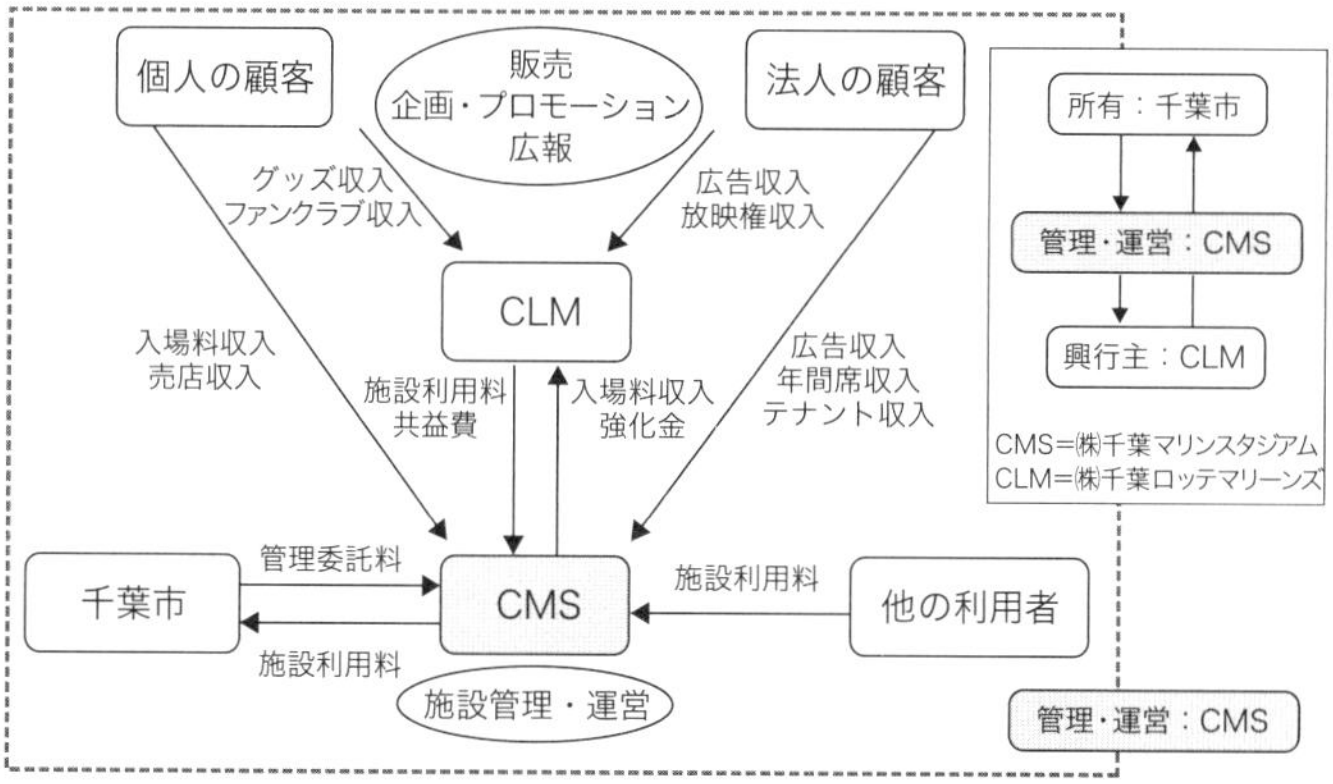

図表5･2　千葉ロッテマリーンズとスタジアムにおける指定管理前のお金の流れ（2006年以前）

新たに指定管理者となった千葉ロッテマリーンズ（CLM）は、図表5・3に示すように、施設運営の自由度を高め、様々な自主事業収入で運営を賄うことによって、行政からの指定管理料が発生しない仕組みがつくられた。[注6] CLMが指定管理者になることによって、管理運営を行うCMSのもとで、テナントとして興行を行っていたCLMが、指定管理者として管理運営の主体となり、CMSは下請けというポジションに移行したため、営業権が一気に拡大し、スタジアムがコストセンターからプロフィットセンターへと転化した。なお2018年度の指定管理者年度評価シートに記載された収支状況によれば、マリンスタジアムの必須事業と自主事業を含む総収入は34億8千2百万円、総支出が26億3千5百万で、約8億5千万円の黒字となっており、千葉市からもAという高い評価を受けている。[注7]

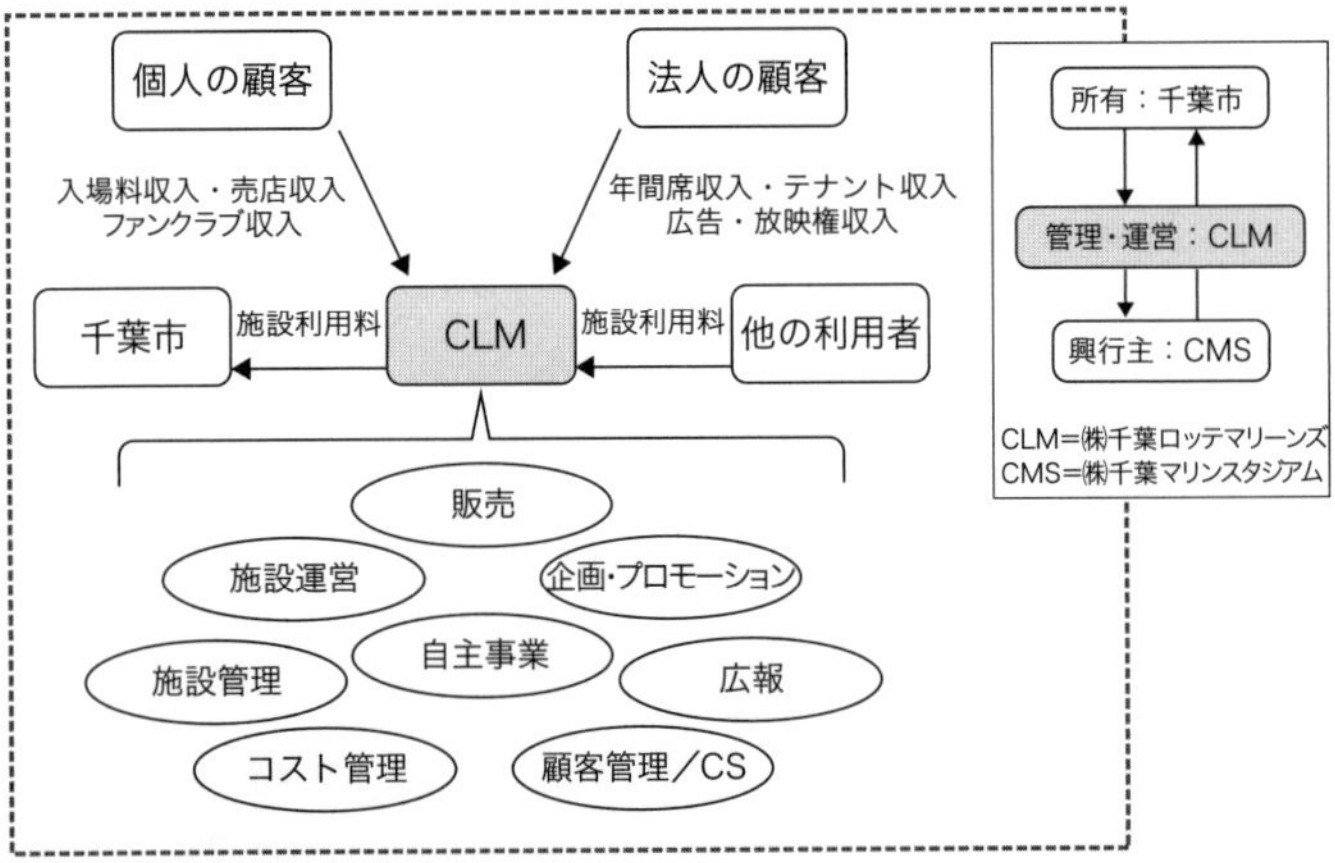

図表5・3　千葉ロッテマリーンズとスタジアムにおける指定管理後のお金の流れ（2006年以後）

公廃民営によるアリーナの復活

大阪湾に浮かぶ人工島である舞洲スポーツアイランドには、1997年なみはや国体のために建設された舞洲体育館（通称、舞洲アリーナ）がある。収容人数7千人強を誇る本格的なアリーナであり、2008年大阪五輪招致の開催概要計画においてもハンドボールと卓球会場として使用が予定されていた。

しかしながら、五輪招致は失敗に終わり、当時計画されていたほかの五輪関連施設も白紙に戻されるなど、舞洲スポーツアイランド全体の利用計画には大きな見直しが必要となった。筆者も当時、「舞洲スポーツアイランド整備計画検討会」（2003年）に委員として参画した。バブル絶頂期の1990年に策定された「スポーツアイランド基本計画」における未着手事業の中止（屋内人工スキー場とゴルフコース）や凍結（マリーナ・リゾートホテル）など、計画の根本的な見直しと経済不況による先行きの不透明感が漂う中、先の見えない議論を重ねた経験がある。

舞洲スポーツアイランドは人工島のため、大阪市内からのアクセスも悪く、施設利用も週末に偏り、日常的な賑わいを生むことが困難な場所であった。大阪市は2006年、指定管理者制度を導入して、舞洲アリーナの運営を試みたが、利用は低迷し、指定管理料が必要なコストセンターとなっていた。

定期建物賃貸借契約の導入

その後も舞洲アリーナは、指定管理者（ミズノグループ：ミズノ、南海ビルサービス、日本パナユーズ、ホビーライフによる共同企業体）による運営を続けたが、アクセスの問題などから利用実績は上がらず、状況の改善は見込めなかった。そこで大阪市は、舞洲アリーナについて、行政財産から普通財産への用途変更を行った上で「定期建物賃貸借契約」を導入し、コストセンターのプロフィットセンター化を目指す方向を打ち出した。[注8] これは、大阪市と定期賃貸借契約を結んで毎年賃料を行政へ支払った上で、民間事業者が一定の自由度をもって施設運営を行う方式である。

2014年には条例上の施設を廃止し、定期建物賃貸借契約に係る条件付き一般競争入札が行われた。その結果、大阪エヴェッサ（当時はbjリーグ所属）の運営会社である株式会社ヒューマンプランニングが舞洲アリーナ貸付事業者に決定し、2015年4月から月額78万円で10年間の定期建物賃貸借契約が締結された。

2015年8月になると、同社は3年契約で施設命名権を「大阪府民共済生活協同組合」に売却し、舞洲アリーナの名称を「府民共済SUPERアリーナ」に変更したが、2018年8月には命名権契約を「株式会社おおきに商店」と結び、施設名を「おおきにアリーナ舞洲」に変更した。命名権料と駐車場料金はすべて運営会社の収益になる仕組みで、集客力のあるイベントが駐車場の収益を増やすなど、好循環がアリーナ経営を助けている。[注9]

コンテンツホルダーによる経営

舞洲アリーナの経営は、定期賃貸借契約の2年目（2016年4月〜2017年3月）から軌道に乗り、年間売上は2億円を超え黒字化に成功した。アンカーテナントである大阪エヴェッサのBリーグでの試合や、サブアリーナを使うチーム練習が本格化したほか、系列会社のヒューマンアカデミーが運営するバスケットボールカレッジの講習などにより、メインとサブアリーナの利用率は95%にまで向上した。

スポーツ以外にも、1週間続く音楽の野外フェスティバルであるサマーソニックへのアリーナと駐車場の貸し出しや、企業や学校の運動会の開催、バスケットボールスクールやチアダンススクールを運営する大阪エヴェッサアカデミーなど、多彩なイベントを開催している。さらに、企業や学校の運動会については、単なる会場の貸し出しだけでなく、プロチームの試合運営で培ったイベントプロデュースのノウハウを存分に活用することで、運動会の企画運営を行い、プラスアルファの収入を得ることが可能となった。

現在、舞洲アリーナは、専属の運営スタッフ6名に加え、大阪エヴェッサのチームスタッフが連携をとりながら運営に当たっている。築20年以上の公共施設が黒字化に成功したのは、施設の借り手がプロバスケットのチームという「アンカーテナント」を持つ事業会社であり、試合運営とエンターテイメントの提供をビジネスとする「コンテンツホルダー」の強みを存分に活かしたという点にある。今後、指定管理者制度で発生する委託料を抑制し、民間に運営を委ねてしっかりと稼いでもらい、賃貸収入を得ようという動きは、プロチームが、公有資産マネジメントのノウハウを身に付けた事業経営体に転化することによって加速される可能性を秘めている。

公廃民営と公廃公営

舞洲アリーナのように、条例上の施設を廃止し、民間に貸し付ける方式は、公を廃止して民に委ねる「公廃民営」方式と呼ぶことができるが、よく似た事例はほかにも見られる。例えばＮＰＯ法人神岡・町づくりネットワーク（岐阜県飛騨市）が運営する、（２００６年11月に廃線となった）旧神岡鉄道のレールを活用したレールマウンテンバイク（市販の自転車にレール走行用のフレームを組み合わせた２人用の乗り物）は、その一つである。地域住民がアイデアを出し、地元の鉄工所が組み立てたバイクを、ペダルを漕いでレールの上で走らせるマウンテンバイクは、地元生まれのスポーツイベントとして定着した（写真５・２）。旧神岡鉄道の奥飛騨温泉口駅を出発し、３駅（２・９キロメートル）先の神岡鉱山前駅まで行き、そのまま戻ってくる人気のアトラクションとなった「まちなかコース」は、旧コースであり、新しく２０１８年春にオープンした「渓谷コース」は、二つの高架橋と高原川を高所で渡る鉄橋やト

写真5･2　レールマウンテンバイク
(出典：飛驒市公式観光サイト「飛騨の旅」注10)

ンネルを楽しむ往復6・6キロメートルのコースである。

　その一方で、公が事業を廃止して、公が別の用途で整備するのが「公廃公営」である。その代表的な事例が「つくばりんりんロード」である。かつて常磐線の土浦駅と水戸線の岩瀬駅を結んでいた筑波鉄道（1918年開業）は、利用者の低迷によって1987年に廃線になったが、レールを撤去した路線跡を、茨城県が約80億円をかけて自転車道として整備した。これが「つくばりんりんロード」であり、駅の一部は整地されて公園となり、水飲み・トイレ・ベンチなどを整備した休憩所が設置されるなど、サイクリストあこがれの自転車道として再生した。

　さらに始点の土浦駅を結節点として、東側にある霞ヶ浦を一周する湖岸道路とつながり、2016年には、全長約180キロメートルに及ぶ「つくば霞ヶ浦りんりんロード」が完成した。第3章で述べたように、2019年にはナショナルサイクルルートに指定されるとともに、JR土浦駅には、日本最大級の体験型サイクリングリゾートである「PLAYatre TSUCHIURA（プレイアトレ土浦）」が誕生した。JR土浦駅の駅ビルもコンバージョンされ、2020年春には、「ハマる輪泊《りんぱく》」を合言葉に、自転車と一緒に泊まれるホテルとして「星野リゾートBEB5土浦《ベブファイブツチウラ》」がオープンするなど、茨城県が取り組む自転車活用推進計画が徐々に具現化している。

廃校のスポーツ拠点施設への転用

　廃校の問題に関しては序章でも触れたが、現在の問題は、廃校になった全国7千583施設（201

8年調査）の内、活用用途が決まっていない施設が全体の17％を占めることである。その理由として最も多いのが「建物の老朽化」であるが、2番目の理由が「地域等からの要望がない」であり、校舎が838校、そして屋内運動場が669校もそのまま廃屋化している。[注11]

斎尾直子によれば、廃校発生から活用までのプロセスに隔たりがある場合、建物の老朽化が進み、存続の可能性があった校舎も解体されることが多い。[注12] 一方で、早期段階での行政による方向性の提示が、地域住民との共通理解を生んで支援体制の構築に繋がったという指摘もあるように、廃校問題に関しては、公民連携による積極的な可能性の模索が必要となってくる。[注13] そこで以下では、公民連携による廃校の活用事例を紹介しよう。

千葉県銚子市は、日本有数の漁港を有し、古くより農水産業や醤油醸造業等によって栄え、甲子園の常連校であった銚子商業高校などで知られているが、近年は著しい人口減少と高齢化問題に直面している。国立社会保障・人口問題研究所による推計値によれば、1960年代には9万を超えた人口も現在は6万人台に減少し、2040年には、4万人台になると予測されている。人口減少率も千葉県内の自治体で5番目に高く（2010年から5年間で8・23％）、待ったなしの対策が求められている。

このような危機的状況に対処するために、銚子市は、2015年10月に「スポーツツーリズム実施による地域活性化」を施策の一つとする「地方版総合戦略」を策定し、その後「NPO法人銚子スポーツコミュニティ」とともに産学金官の連携協議を行い、空き公共施設利活用による地域活性化策を提案した。2016年6月には「銚子スポーツタウン協議会」を設立し、地方創生加速化交付金を活用して、市立高校跡地のグラウンド整備を開始した。これは「スポーツ合宿誘致を核とした『スポーツタウンブランディング事業』」に対する補助金で、市立銚子西高校跡地のグラウンド整備や、合宿誘致のマーケティング調査等を目的とした。

銚子スポーツタウン協議会から発展的に誕生した「株式会社銚子スポーツタウン」は第三セクターであり、銚子市が資本金（5百万円）の半分を出資し、残りはNPO法人銚子スポーツコミュニティが出資する官民共同事業体である。これによって、自治体、銀行、信用組合、NPO、スポーツ団体といった多様なステークホルダーから有形無形の支援を受ける仕組みが完成した。その結果、旧市立高校は、野球場、グランド、合宿所、食堂を備え、2018年4月には、最大152名のアスリートを収容することができる総合施設へとコンバージョンされた。

第三セクターとは、民間活力導入によって地域活性化を目指す公民の連携事業であり、鉄道・バスなどの交通事業分野、文化ホールやスポーツ施設の管理運営事業、地域産業振興施設の整備や管理運営、また日帰り温浴施設やリゾート施設など、多種多様な事業分野の事業が展開されてきた。しかし、これまで経済成長が低迷する中、物価上昇率の鈍化とデフレ進行など、事業計画当時に想定しなかった事態に陥って経営が行き詰まり、慢性的な赤字や経営破綻《はたん》に陥るケースも見られる。[注14]この背景には、市場の需要を無視した内部志向の事業計画、行政に過度に依存する資金調達、そして経営責任の所在不明など、第三セクター特有の問題が存在する。

その一方、銚子スポーツタウンは、廃校を活用したいわば「公廃民営」と言うべき社会的意義のある事業である。千葉県内の近隣自治体で、すでに民間事業者による類似のスポーツ合宿事業が成功している例もあり、適切なマーケティングを行うことによって、十分に採算が見込める官民連携ビジネスに育つことが期待される。重要なことは、合宿ビジネスの市場に寄り添い、経営責任を負う専従の社員が小さな成功を積み上げ、徐々に投資規模を拡大していく慎重な経営姿勢である。

銚子の事例は、廃校を、野球などのスポーツ合宿施設として再活用するために、公共・公用の用に供している「行政財産」から、経済的な価値を発揮すると期待される「普通財産」に移管し、新たに設立した第三セクターの会社が事業リスクを負いながら運営するケースであり、今後の廃校活用のモデル事業として位置付けられるべきであろう。[注15]

コラム 5・1 ビジネス・インプルーブメント・ディストリクト（BID）

BIDとは、周囲の企業が、当該地域の自然と環境を守るため、資金を拠出して環境整備を行うエリアマネジメントのことで、1970年代からカナダ、アメリカで、中心市街地活性化の効果的な手法として用いられてきた。その特徴は、「官民共同による特別自治制度」であり、民間のエリアマネジメント会社が車道や歩道、公園などの公共空間を管理・運営できるようになった。アメリ力では、タイムズスクエアに近く、危険な公園として知られていた「ブライアントパーク」が、周辺企業が出資したエリアマネジメント会社によって美しい公園に生まれ変わった例が良く知られている。

この制度に倣い、日本でも2018年2月6日に「地域再生法の一部を改正する法律案」を閣議決定し、「地域再生エリアマネジメント負担金制度」が同年6月に公布された。その仕組みはシンプルだが、受益者の範囲と、受益者全員が納得する合意形成ができるかどうかなど難しさも抱えている。

最初の段階では、エリアマネジメント団体が受益者の三分の二以上の同意を得て、市町村に「地域来訪者等利便増進活動計画」を申請する。次に市町村がこれを認定し、条例で受益者の範囲、負担金の額や徴収方法などを規定したうえで、合意形成ができた受益者から「受益者負担金」を徴収し、これが交付金としてエリアマネジメント団体に支給され、エリアマネジメント活動がスタートするという流れである。

この制度の優れた点は、活動によって生まれる地域活性化効果を無償で享受しようとする「ただ乗り」(フリーライド)の排除と、受益者の公平性の維持と活動を支える安定的な財源の確保にある。このようなエリアマネジメントの制度化が、良質な住環境の整備と、地域の迅速な課題解決を可能にしてくれる。特に、地域活動を支えてきた活動団体の再編成が進み、官民連携による地域再生・活性化の手段として定着することで、さまざまな地域課題の解決が進むことが期待される。

2　パークマネジメントによるパブリックスペースの活用と整備

都市公園に欠如してきたアクティビティ

筆者は、博士号を取得したペンシルバニア州立大学で、「公園・レクリエーション」(Parks & Recreation)を専攻したが、北米では、地域スポーツを管理運営する公園・レクリエーション局が全米に設置され、公園をスポーツやレクリエーションのために利用する考えが一般化している。その一方、日本の公園緑地行政は、整備と維持管理を主体とする「整備された空地」や「庭園」的な発想が主で、そこにアクティビティを持ち込む発想はなかった。

これまでの都市公園は、三種の神器と呼ばれる「砂場」「滑り台」「ブランコ」等の子ども向け遊具が一律に整備されるとともに、「ボール遊び禁止」「サッカー禁止」「ペット禁止」といった看板がほぼ例外なく立てられるなど、アクティブライフの実践を困難にするような〈画一的な管理〉が行われてきた。さらに、財政上の制約から、遊具を含め、老朽化する施設の更新もままならず、場所的な魅力の低下を招いてきたのも事実である。

Ｐａｒｋ‐ＰＦＩによる公園の価値向上

このような状況を打破するために、都市公園法が２０１７年に改正され、公園緑地行政に大きな変化が生まれた。すなわち、公園に経営やマネジメントの考えが導入されるとともに、賑わいと収益をもたらすおしゃれなカフェやレストランの設置が可能となった。これがＰａｒｋ－ＰＦＩという、公園の質的向上を目指す、民間資金を活用した新しい整備・管理手法である。

Ｐａｒｋ－ＰＦＩは「公募設置管理制度」と呼ばれ、民間事業者を公募によって選定する手続きと、民間事業者が設置する施設（例えばカフェやレストラン）から得られる収益を、園路や広場等の公園施設の整備に還元することを条件に、インセンティブとして次の三つの特例措置を定めた。[注16]

・設置管理許可期間の特例（これまでの10年から最大20年に延長）
・飲食店や売店等の便益施設の建蔽率《けんぺいりつ》の特例（これまでの２％から最大12％に拡大）
・占用物件の特例（自転車駐車場やイベント情報提供のための看板や広告塔の設置）

Park-PFIの事例

２０１７年に導入されたＰａｒｋ－ＰＦＩを、日本で初めて取り入れたのが北九州市である。２０１８年７月に、同市のランドマークである小倉城が鎮座する勝山公園に、公園利用者の利便性を高める「公募対象公園」として「珈琲所コメダ珈琲店　北九州勝山公園店」がオープンした。この施設は、都市公園法が定める便益施設でもあることから、公園広場で行われるイベントやお祭りなどでも、パブリックスペースとしての機能を十分に果たせるように、店舗周辺に多目的休憩スペースやベンチシート、多目的トイレが設けられた。店内には、公園の脇を流れる紫川の眺望が楽しめるように広いガラス面とテラスが設けられ、公園の魅力を向上するアメニティ施設となった。

もう一つの例として、横浜市が「横浜動物の森公園」に設置した「フォレストアドベンチャー・よこはま」がある。同市は、公園内にある里山ガーデンエリア内の一部を公民連携推進エリアに位置づけ、2019年9月からフォレストアドベンチャーの営業を開始した。また2020年2月には、新たに「トレイルアドベンチャー・よこはま」が拡張オープンし、電動アシスト付きマウンテンバイクからトレイルランまで、多様なアクティビティが楽しめるコースを整備した。なお森林資源の有効活用として注目されるフォレストアドベンチャーについては、第3章で詳述した。

パークマネジメントによる大阪城の超有効利用

指定管理者制度のより弾力的な活用によって、パークマネジメント事業を展開しているのが、大阪市にある大阪城公園である。2015年に官民連携事業として「大阪城公園パークマネジメント事業」がスタートした。大阪市の公募に対して、電通関西支社、大和ハウス工業株式会社、株式会社NTTファシリティーズ等計5社から構成される指定管理者（大阪城パークマネジメント共同事業体：PMO）に、大阪城公園及び他5公園施設の一体管理が委ねられた。契約期間は2015年から2035年までの20年間であるが、長期契約のおかげで、PMOによる投資が可能となり、大阪市は管理運営からサポートへと役割を変えた。事業スキームは、図表5・4に示すとおりである。

ＰＭＯは、指定管理料を受け取らない代わりに、本丸の入場料収入を得るとともに、公園内に商業施設を２カ所[注17]建設するなど、自らの責任のもとに長期間の投資・回収を行う。その結果、年間２億円以上の基本納付金と、売り上げの７％の納付金が大阪市に入り、行政の人的・金銭的負担がゼロになるなど、大阪市と事業会社の間にウィン・ウィンの関係が生まれた。公園のプロフィットセンター化に成功した橋下徹元大阪市長は、これを「大阪城の超有効利用」と表現した。[注18]

さらに、共同事業体のダイワハウスは、グループ会社のスポーツクラブＮＡＳ株式会社が運営する「ランニングベース大阪城」をオープンし、カフェ、シャワー、ロッカー等を備えた場所を提供することで、ランニング愛好家の利便性を高めた。その結果、大阪城周辺の会社にランニングクラブが立ち上がるなど、アクティブライフの実践に好影響を与えている。

公民連携によるアウトドア関連施設の整備

これまで、日本のアウトドアアクティビティを支えてきたの

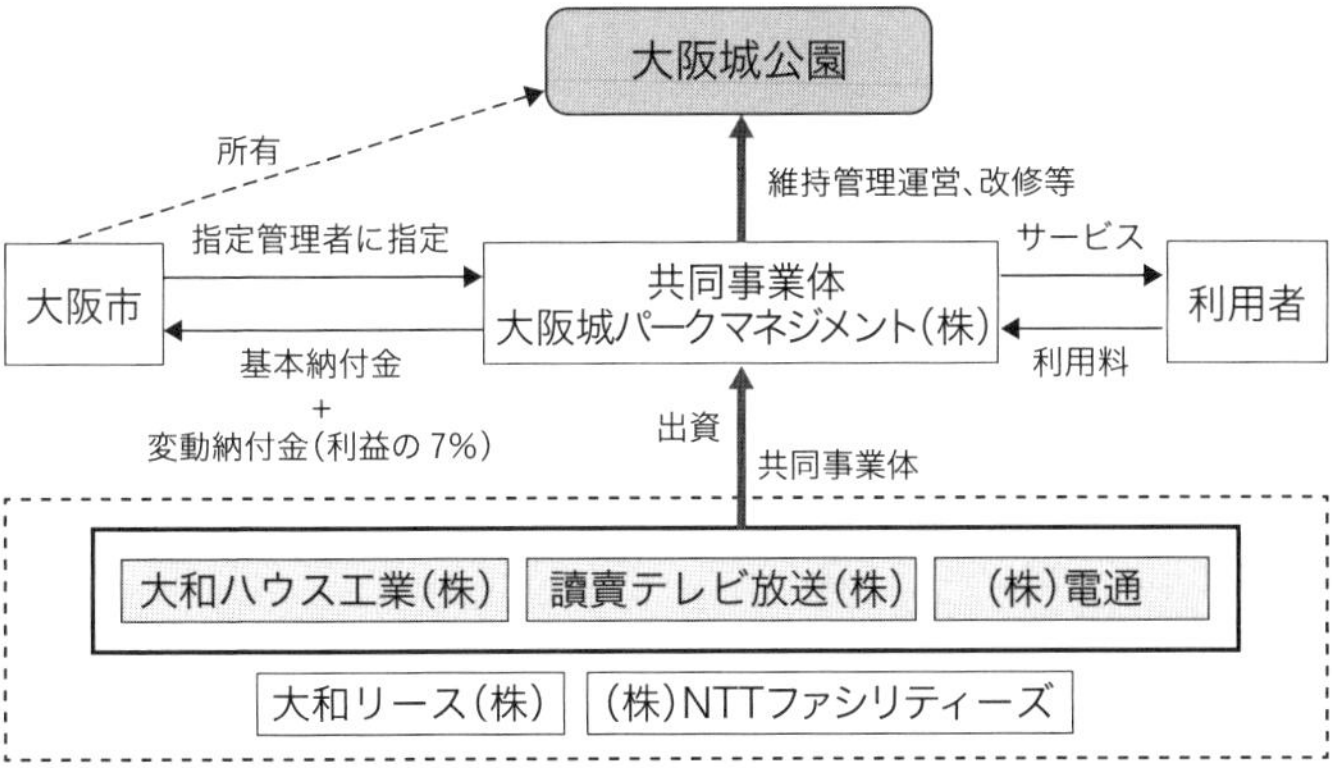

図表５･４　大阪城パークマネジメント事業における官民連携の事業スキーム

が、全国各地にあるキャンプ場である。全国に2千64カ所あるキャンプ場の多くは、自治体が管理する公共施設で、低廉な価格で誰もが利用できる、コモディティ化された「場所貸し事業」であった。野外活動施設であるがゆえに、必要な施設は素朴な管理棟と炊飯場程度であり、薪や食器、そしてテントや寝袋等のレンタルサービスが付帯していれば充分であった。キャンプ場に来る利用者のニーズも、ホテルや旅館に求めるきめ細かな対人サービスとは異なり、静けさや自然の美しさといった、周囲の環境に対する漠然としたもので、競合施設もなく、マーケティングの必要性もない、参入が容易な社会教育施設であった。

キャンプ場の再生ビジネス

しかしながら、自然を売りにするキャンプ場であるがゆえに、イノベーションの必要もなく、新しい設備投資も必要ではなかった。その結果、学校教育における野外活動等の宿泊事業の見直しとともに、利用者が減り、施設は老朽化し、閑古鳥が鳴くキャンプ場が増加した。そのようなキャンプ場の再生事業に取り組むのが、アウトドア総合メーカーのスノーピークである。

例えば、2008年に移転が決まった大阪府箕面市にある旧止々呂美《とどろみ》小・中学校を活用し、体育館はアウトドア用品の展示・販売を行うショップとして、校舎は、地元の文化や歴史を展示するスペースに加え、入浴施設や会議室を備える学習施設へとコンバージョンを行った。新しいこれらの施設は「スノーピーク箕面自然館」という名称で、4キロメートル離れた場所にある「スノーピーク箕面キャンプフィールド」とともに、スノーピーク・ブランドを全面に出して運営されている。

キャンプ場の利用者数は、近年のアウトドアブームに乗って増加傾向にあるが、その背景には、グランピングのような、ハイテクで贅沢な野外文明を楽しむ風潮があり、それが高額なアウトドア用品の購入を支えている。スノーピークの場合、グランピングブームを後押しする、ちょっと贅沢でかっこいい「野遊び」というキャンプ体験のブランド化によって、事業を全国に拡大している。

老朽化した運動公園のリニューアル

スノーピークと同じアウトドア総合メーカーの「株式会社ロゴス」は、老朽化した運動公園の全面リニューアルを行って、人気施設にコンバージョンした。京都府にある「城陽市総合運動公園」には、スポーツ合宿等に使われる便益施設として、二つの宿泊施設と公園が一つあるが、これまでの運営は、それぞれ個別に三つの指定管理者に委ね

写真5･3　ロゴスランドのエントランスゲート（撮影：原田宗彦）

られていた。しかしながら、近年の老朽化にともなう利用者数の減少を改善するために、2019年度の指定管理契約の更改時に、城陽市はロゴスを指定管理者に選定した。その結果、三分割されていた施設は一体化され、大規模な改修によって「LOGOS LAND（ロゴスランド）」というアウトドアアクティビティが楽しめる施設に生まれ変わった（写真5・3）。経営とデザインが融合した施設は、ロゴスのブランドイメージが施設全体に反映されており、子どもやファミリー向けの「キャンプ体験型ホテル」という新しい切り口が人気を呼んでいる。

地方自治体との包括連携協定

もう一つのアウトドア総合メーカーである株式会社モンベルは、約90万人というモンベルクラブの会員を活用して、全国56自治体（2020年2月現在）と、以下の七つの項目に関する包括連携協定を結ぶことで、地域活性化に貢献している。

（1）自然体験の促進による環境保全意識の醸成
（2）子どもたちの生き抜いていく力の育成
（3）自然体験の促進による健康増進
（4）防災意識と災害対応力の向上
（5）地域の魅力発信とエコツーリズムの促進による地域経済の活性化

（6）農林水産業の活性化
（7）高齢者、障がい者などの自然体験参加の促進

包括連携協定を結んだ自治体の観光情報は、モンベルクラブ会員の機関誌である「ＯＵＴＷＡＲＤ（アウトワード）」の中で紹介され、会員の旅行意欲を刺激する仕組みになっている。

同じ文脈で、米国の「ザ・ノース・フェイス」の国内商標権を所有する株式会社ゴールドウインも、地域自治体と包括連携を結び、地域活性化事業に取り組んでいる。２０２０年には山梨県北杜市《ほくと》と地域活性化に関する包括連携協定を締結し、アウトドアの知見を活かした様々な取り組みをスタートさせた。北杜市は、首都圏から約2時間というアクセスの良い観光リゾート地であり、四季を通じてアウトドアアクティビティを楽しむことができる。同社は、２０１１年から自然のなかで楽しみながら学ぶ子ども向けイベントである「ザ・ノース・フェイス・キッズ・ネイチャースクール」を開催するなど、地域社会の発展に貢献している。

キャンプ場とシェアリングエコノミー

北米には、キャンプ場に特化した「Airbnb」（エアビーアンドビー）である「Tentrr」や「Hipcamp」といったオンラインサービスがある。これは、全米にある30万カ所のキャンプ場とキャンパーをマッチングするプラットフォームであるが、ユニークなのは、既存のキャンプ場だけでなく、今まで活用され

ていなかった私有地もキャンプ可能な場所として提供している点にある。[注19]「Tentrr」の場合、私有地をキャンプサイトとしてレンタルしたいホストは、登録時に1千5百ドルを支払えば、ウッドデッキ（床）、折りたたみ式ベッド、テーブル、調理器具、簡易トイレ等、快適にキャンプが楽しめるインフラ（テントキット）の提供を受け、私有地をキャンプサイトにコンバージョンすることができる（写真5・4参照）。キャンパーも、手ぶらに近い感覚でキャンプを楽しめるため、土地の所有者と、静寂や景色を楽しみたいキャンパーのパーフェクトマッチングが成立する。

これまで、土地の所有者が個人の目的で使用するだけで、キャンプ場やアウトドア施設としては需要や価値が生まれないと考えられていた土地が、キャンプサイトとして有効利用される仕組みは日本でも導入が検討されるべきであろう。農場や果樹園、牧場、沼地・荒地、そして高齢化と人口減で拡大する空き地や耕作放棄地等をキャンプ場として活用し、収入に結びつける仕組みは、ピンチをチャンスに変える優れたアイデアである。

写真5・4　Tentrrが発信するテントキットによるキャンピングのイメージ
（出典：Tentrr の Instagram アカウント）

3　地域内外をつなぐ人的資源のマネジメント

組織を動かす人材の必要性

新しい組織を動かすには、人材の雇用も重要な課題となる。それゆえ、地域事業体としての地域人材の雇用創出と育成（地域に仕事を創る／働くチカラの強化）を図らなければならない。それには、ポテンシャルがあり、モチベーションの高い人材を外部から確保することが重要で、スポーツ系ジョブ志向人材、地方創生志向人材、そしてアスリートＯＢ等のスポーツ移住促進など、公民協働の枠組みの中で、民間企業が持つＨＲ（ヒューマンリソース）の活用を視野に入れるべきである。

地域おこし協力隊とスポーツ振興

一般に地域の活性化には、「よそ者、若者、ばか者」がもたらす斬新かつイノベーティブな視点が必要とされる。筆者はこれに外国人を加えるのが良いと考えるが、重要なことは、「地域内に欠けている外部視点を持ち、若者のようにリスクを恐れず前向きに行動を起こし、今までの常識や前提を見なおすこと」[注20]である。人材は外部から調達してもよいし、内部（地元）で育てることも可能である。要は、若くて行動力があり、外部視点を持つ人材をわかりやすく表現したのが「よそ者」「若者」「ばか者」「外国人」であり、これらの人材が地元の人たちにない「気づき」の供給源になるのである。

総務省が行う「地域おこし協力隊」は、これらの要素を含む都市部の人的資源を、1年以上3年以下の期間を区切って地域に移住させ、地方自治体が「地域おこし協力隊員」として委嘱する制度である。隊員数は、2009年の89人が、2019年には5千466人へと急増しているが、これは自治体側の強いニーズを反映した数字となっている。[注21]

総務省によれば、「隊員は、地域ブランドや地場産品の開発・販売・PR等の地域おこしの支援や、農林水産業への従事、住民の生活支援などの『地域協力活動』を行いながら、その地域への定住・定着を図る取組」とあるが、最近は、活動内容に専門性を持たせる募集が増えている。その中で目立つのが、スポーツ振興部門での募集であり、例えば奈良県吉野町では、地域おこし協力隊のスポーツ推進部門として人材を募集している。活動内容は、地元の総合型地域スポーツクラブの支援を通じた生涯スポーツ振興の支援活動であり、期間は最長3年間で、活動終了後に吉野町に定住し就業しようという意思のある人材を募集している。もう一つは、愛知県新城市のように、地域おこし協力隊運営事業として「スポーツツーリズムの推進活動」を掲げ、各種アウトドアスポーツに関する情報発信と、地域に根付いた観光資源として発展させるための調査・研究、そしてイベントの企画運営といった具体的な活動内容を提示する自治体もある。[注22]

三重県の明和町では、DMOとして一般社団法人明和観光商社を設立し、地域おこし協力隊員と協力して、ヨガや森林セラピーを組み合わせた「ヘルスツーリズム」の商品開発に乗り出している。そのほかにも、スポーツ振興事業で隊員を募集する高知県宿毛市や、地域スポーツ振興部門で、スポーツ指導者に関する専門技能を有する隊員を募集する山形県小国市など、公共サービスを補完する人的資源として、地域おこし協力隊を活用する小規模自治体が多く存在する。

興味深いのは、受け入れ期間が終了した隊員の約65％が同じ地域に定住していることで、総務省が掲げる定住・定着といった目的が効果的に達成されていることがわかる。しかしながら、募集する自治体の中には、隊員をうまくマネジメントできる組織や制度がなく、雑用係のような仕事しか与えられないケースや、期待と現実のギャップに悩み、任期途中で挫折する隊員がいることも事実である。スポーツの専門的スキルを持つ隊員には、その能力を最大限に発揮できる体制や仕事が事前に準備されている必要がある。

スポーツ国際交流員制度による外国人の活用

地域スポーツの人材確保について、専門性の高い外国青年を招致する事業も行われている。これは一般社団法人自治体国際化協会（ＣＬＡＩＲ）が行うＪＥＴプログラム（語学指導等を行う外国青年招致事業）であり、三つある職種の一つにスポーツ指導を通じて国際交流を行う「スポーツ国際交流員」（ＳＥＡ：Sports Exchange Advisor）がある。ほかの二つは、「外国語指導助手」と翻訳・通訳や国際交流イベントを企画実施する「国際交流員」である。

２０１９年８月の時点では、外国語指導助手が５千２３４人、国際交流員が５１４人いるが、スポーツ国際交流員はわずか13人である。ラグビーを教えるフィジーからの指導者や、少年団でサッカーを教えるドイツからの指導者、そしてクロスカントリースキーを教えるファインランドからの指導者のように、スポーツの種別とそのスポーツが盛んな国のマッチング次第では、地域スポーツの強化に結びつく指導者を招聘できる有効な制度である。[注23]

コラム5・2 スポーツツーリズムと定住人口の増加

スポーツツーリズムが発展し、訪日外国人の需要が高まるにつれて、国内のリゾート地において定住人口の増加が散見されるようになった。[注24] 外国人住民の比率が伸びている10市区町村の内、スノーリゾートとマリンリゾートが7つを占めるなど、スポーツツーリズムが定住を促す効果が見られた。これらは、キロロリゾート（北海道赤井川村）、星野リゾート（北海道占冠村）、ニセコグランヒル（北海道倶知安町）、ルスツリゾート（北海道留寿都村）、ニセコビレッジ（北海道ニセコ町）、白馬八方尾根（長野県白馬村）であり、外国人住民の比率が、平均で2013年の2・5％から2017年の8・5％に大きく伸びている。また訪日外国人の増加が地域の経済を活性化し、Uターンや I ターンをする人が増え、2017年には若干ながらも村全体の定住人口が増加した野沢温泉村のような例もある。

4 地域スポーツの資金調達

資金の流れを呼び込む必要性

従来の地域スポーツ振興は、税金を使って行う事業という考えが主流であり、金を稼ぐという発想や、「ファンドレイジング」(資金調達)といった考えは希薄であった。しかし今後、人口減と高齢化によってさらなる税収減が起きる中で、税金に依存せず、サービスの量と質を維持するには、寄付や投資による資金の流れを呼び込む作業が必要となる。そこで以下では、地域スポーツで稼ぐ仕組みづくりの実現に向けて、資金調達で活用できる複数の手法を紹介しよう。

クラウドファンディング

クラウドファンディングは、読んで字のごとくCrowd(群衆)とFunding(資金調達)を組み合わせた造語であり、インターネットを介して不特定多数の個人から資金を集める仕組みである。ただし歴史は浅く、2003年にアーティストを支援するために誕生した「ArtistShare」(アーティストシェア)が、最初のプラットフォームである(当時はクラウドファンディングではなく、ファンファンディングと呼ばれていた)。

クラウドファンディングが提供するサービスの形態は、資金提供者に対するリターン(見返り)によって、①金銭的リターンのない「寄付型」、②金銭的リターン（すなわち見返り）が伴う「投資型」、そして③金銭以外のリターン（ギフト）がともなう「購入型」の3種類である。

第一の寄付型は、資金提供者が資金を純粋な寄付として提供し、何のリターンも発生しないタイプであるが、寄付金控除というメリットがある。日本では、京都大学iPS細胞研究所の山中教授が、寄付型クラウドファンディングの「ジャパンギビング」（JAPANGIVING）を利用し、目標額の1千万円をはるかに超える寄付を集めたことで知名度が高まった。[注25]

第二の投資型は、資金提供者が資金を出資し、そのリターンとして収益の一部が金銭等によって資金提供者に分配されるファンドタイプである。ただし、投資型の資金調達を仲介するためには、金融取引法に基づき第2種金融商品取引業の登録が必要になるなど、個人間の送金や投資が制限されており、一般的なサービスとしてはあまり普及していない。

第三の購入型は、資金を提供する活動に対し、ギフトとしての権利や物品を購入することで支援を行うタイプである。見返りがあるという点では投資型と同じだが、それは金銭ではなく、権利や物品であることに特徴がある。

寄付型と購入型のクラウドファンディング・サービスを提供する「レディーフォー」（READYFOR）のウェブサイトによれば、2011年4月のオープンから2019年8月までに、約1万1千件のプロジェクトが累計で92億円の支援を受けており、75％という業界最高の達成率を誇っている。スポーツに関するプロジェクトは、2020年4月の時点で940件の掲載があり、プロジェクトの主体は、スポーツ大会の実行委員会、専用グランドを整備したい野球チーム、海外挑戦を試みる選手、合宿所をつくりたい個人、アスリート育成を目指す総合型地域スポーツクラブなど多岐に渡っている。レディーフォーでは、キュレーターと呼ばれるクラウドファンディングのプロが、コンサルタントとしてページの立ち上げから広報戦略まで支援してくれる手厚いシステムがある。[注26]

日本のプロスポーツでは、Jリーグに所属するガイナーレ鳥取が、レディーフォーを利用して2014年に行った「野人と漁師の〝チーム鳥取〟プロジェクト」という購入型クラウドファンディングが先駆けである。野人とは、チームのGM（ジェネラル・マネジャー）を務める元日本代表の岡野雅行氏のことであり、同氏のアイデアで、寄付した金額に応じて、境港で水揚げした海産物セットがギフト（リターン）として贈られるプロジェクトが稼働した。最高位のゴールドでは、10万円（税別）を寄付すれば、スペシャル海産物セットが期間中に3回進呈される。このプロジェクトは人気を呼び、わずか10日間で1千5百万円を調達し、ガンバ大阪からブラジル人選手を獲得することができた。その成功の裏には、岡野GMの知名度の高さと、境港の海産物というブランド力、そして「わかりやすい地方創生案」という平易なスローガンがあった。

最近では、卓球のプロリーグ（Tリーグ）に所属する「琉球アスティーダ　スポーツクラブ株式会社」が、株式投資型クラウドファンディング・サービスの「ファンディーノ」（FUNDINNO）を使って資金調達を試み、投資申し込みが始まった2019年12月7日の午前10時から、わずか8時間で上限応募額2千3百万円を達成した。同社は、プロチームの運営に加え、トライアスロンチームの運営、伝統芸能の承継サポート、スポーツバル（飲食業）、卓球教室、卓球物販ECサイト運営等の多角的な事業を展開しており、そこに魅力と事業の成長力を感じた小口投資家の心を掴んだが、この事例が、日本のプロスポーツにおける新しい資金調達の可能性を広げたことは事実である。

　購入型のクラウドファンディングは、対価としての権利や物品を購入するため、何かしらのお得感が付随する。しかも、アスリートやスポーツチームの応援、そしてスポーツ振興という社会的な善行に対し、気分よく、インターネットを使って簡単に資金が提供できる「レディーフォー」や「スポーティーファンド」（Sportie FUND）といったプラットフォームは、前述したガイナーレ鳥取のように、資金難に悩むスポーツ界を救う可能性を秘めている。その中でも、累計流通総額150億円を誇る2万8千件のプロジェクトと178万人の支援者、そして159億円超（2019年12月現在）の支援総額金を誇る「キャンプファイヤー」（CAMPFIRE）は、国内最大のクラウドファンディング・プラットフォームである。

　一つの例であるが、筆者のゼミ学生が所属した女子硬式野球サーク

写真5･5　クラウドファンディングで目標額を達成したWASEBI
（出典：キャンプファイヤーのウェブサイト[注27]）

ル「ＷＡＳＥＢＩ」は、「伝統ある早稲田のユニフォームで日本一に！〜女子野球を盛り上げたい〜」というプロジェクトで、１２８人から１２６万円を集めることに成功した（写真５・５）。３千円の支援に対しては、選手直筆お礼メッセージ入りポストカード、５千円に対しては、限定ビデオメッセージとユニフォーム型キーホルダー、５万円に対しては、新ユニフォームを着たＷＡＳＥＢＩと草野球対戦ができるといった特典を用意し、多くの人々から広く寄付を募り、目標額を達成した。[注28]

地域共通ポイントと地域通貨

地域が経済的な成功を収めるには、①地域資源の価値を最大化して域外からの資金を獲得する方法と、②域内資金の外部流出を抑制する方法、そして③域内資金循環の拡大と（域内消費の）スピードアップという三つの方法がある。[注29]すなわち、地域にある観光資源の価値を高め、多くの域外ビジターを獲得するとともに、滞在期間中に地元でお金を使ってもらう仕組みを構築しなくてはならない。

マラソン大会やサイクリングイベントなど、集客を目的としたスポーツイベントは、①の地域のブランド価値を高め、（多人数の集客によって）域外からの資金を獲得するには有効な方法であり、②の意図的に地域内における資金循環を拡大・加速させる「地域のエンジン」としての役割を果たす。さらに、①から③を構造的にアクティベートする方法として、「共通地域ポイント事業」や「電子版地域通貨」の普及・浸透が有効となる。例えば、サイクリングイベントにおいて、開催地域でのみ有効なポイント制度が実施されるケースがある。一般社団法人ルーツ・スポーツ・ジャパンが主催する「ツール・ド・

ニッポン」というイベントでは、チームによる周回レース（エンデューロ）において、ＩＣチップで全参加チームの周回数を自動計測し、レース参加後に、周回数分のポイントを受け取ることができる。イベント終了後は、周辺の飲食店やお土産物で、ポイントで商品・サービスを購入するか割引を受けることができる仕組みである。

このような「サイクルポイント」は、イベントに限定されたエコシステムの中でのみ有効な時間限定的なポイント事業で、ポイントが使える店舗やサービスも限られている。その一方で、これをイベント時だけでなく通年事業として、非接触ＩＣカードやおサイフケータイ付きスマートフォンを活用した、フィンテックの事例もある。その一つが、「ご当地ＷＡＯＮ」を始めて活用した、香川県高松市を中心とした地域共通ポイント事業「めぐりん」であり、高松市を中心に約5百店舗が加盟している。

仕組みは簡単で、加盟店で百円消費する度に1めぐりんマイルが付与され、これが1円換算で使用可能となる。「めぐりんＷＡＯＮ」は、加盟店で利用すると共通ポイントが貯まるほか、自治体やプロスポーツチームとも連携し、香川県立武道館の会員証や高松をホームタウンとするプロスポーツチーム「高松ファイブアローズ」のファンクラブ会員証として使えたり、「高松ファイブアローズ」「香川オリーブガイナーズ」の試合で来場ポイントを貯められたりと、地域のスポーツ振興にも役立っている。有効期限があり、ポイント付与から180日間で使い切る必要があるが、これによって地域資金循環のスピードアップが図られるという利点もある。

短期間で貯まったポイントを使い切るのは、滞在期間が限られている訪日外国人やイベント参加者にとって好都合であるが、将来的には、スマートフォンアプリを使った電子版地域通貨の活用と、アプリの多言語化によって、利便性とコスト削減を図り、地域資金の外部流出を防ぐことが可能となる。

一般の法定通貨と異なり、地域通貨は、地域経済やコミュニティを活性化する目的でつくられるが、これは一定の地域でしか流通しない利子の付かない「お金」のことである。よってこのお金は、「地域の外に持ち出すことはできず、利殖や貯蓄のためには利用できない、地域内を循環する交換手段であり、地元商店街・市街地の経済を活性化し、地産地消やゼロエミッションを実現し、NPOやNGOの活動を支援し、投機やバブルを排除する[注30]」ことができる。

地域通貨は各地で導入が試みられているが、有効性に関してはまだ検証段階である。数少ない成功事例としては、岐阜県の飛騨高山を地盤とする飛騨信用組合が2017年に導入した、地域限定の電子地域通貨「さるぼぼコイン」がある。これは、あらかじめ現金や預金をコインに交換した上で、対応する店舗ごとに設けられた専用のQRコードをスマートフォンなどのモバイル端末で読み取れば、地域通貨による電子決済を行うことができるようにしたものである。2020年2月末時点で、ユーザー数が1万1千357人、加盟店数は1千223店舗（高山市、飛騨市、白川村の合計）、総流通額は約14億円にのぼっている。また現在はセブン銀行ATMで、原則24時間365日、スマホによる現金チャージが終日無料で行えるなど、利便性も高まっている。

さるぼぼコインで使われるアプリは、生活に密着した情報媒体としても重宝がられている。GPSの位置情報を用いた特定地域の防災訓練の連絡から、子どものサッカークラブの会費支払い、そして税金の納付までもが可能となる。また観光客にも便利で、さるぼぼコインを5万円チャージすれば、1%の5百円が還元され、加盟店での買い物や食事に使うことができる。コインは、最初に使った日から1年で失効するため、域内消費がスピードアップされる利点もある。

今後、電子版地域通貨が広まることで、スポーツによる独自の経済圏の形成を促すことも可能になる。地域のプロスポーツチームのチケット購入、スタジアムやアリーナでの飲食の決済、グッズの購買、ファンクラブやスクールの会費、提携したホテルでの支払い、そして周辺の加盟店やレストランでの決済、さらに選手の移籍・契約まで、様々な支払いが法定通貨のやり取りとは切り離されて行われ、独自の経済圏の中で資金が循環する仕組みを構築することも可能となる。

ふるさと納税とスポーツ

ふるさと納税は、希望する自治体に寄付をして、その寄付金額を現在居住する地方自治体へ申告することによって、寄付分が所得から控除できる寄附金税制の一つである。自分が決めた自治体に、事実上の「納税」をするこの制度は人気を呼び、2018年度のふるさと納税受け入れ額の総額は、前年の1.4倍にあたる5千127億円になった。

これまで、ふるさと納税の返礼品の多くは、お得感のある牛肉や高級魚、そしてフルーツといったモノであったが、最近では、地域のスポーツイベントに参加する権利などの「コト」や「経験」を返礼品にするケースも増えている。これは、税金の控除が受けられ、スポーツイベントに参加でき、しかも健康になれるお得感満載のシステムである。

ふるさと納税の活用でスポーツ分野に価値を見出すことを目的に、スポーツ特化型のふるさと納税サイトである「ふるスポ」を立ちあげた赤嶺健によれば、スポーツに関するふるさと納税については、322自治体が導入しており、2016年度の寄付総額2千8百億円のうち約15億円程度がスポーツ関連の寄付である。内訳については、ゴルフが最も多く56％で、以下マラソンが14％、サッカーが9％、スキーが7％と続く。ゴルフに関しては「施設利用型」（利用券を提供）、マラソンやトライアスロンに関しては「参加型」（参加資格を付与）、そしてサッカーに関しては「チーム応援型」（観戦チケットを提供）となっている。[注31]

最近の例としては、矢板スポーツコミッション（栃木県矢板市）と「ふるスポ！」が組んだ、スポーツツーリズム推進のプロジェクトがある。これまで、地元のトレイルランニング大会である「Takahara Adventures Festival 2019」と連携し、ふるさとランナーを募ることによってスポーツツーリズムの支援を行ってきたが、さらに「やいた八方ヶ原ヒルクライムレース」を加え、寄付金の一部が大会事務局と矢板スポーツコミッションへ流れる仕組みをつくり、大会とまちづくりの支援を行う制度を確立するなど、地域スポーツの資金調達に使われている。

ふるさと納税の総合サイトとして知られる「ふるさとチョイス」にも、スポーツに関連した多くの情報が掲載されている。「スポーツ」で検索したところ、2020年3月31日現在「お礼の品」がある寄付先だけで1千876件が検索された。ただしその内容は、スポーツウェア（タオルを含む）、スポーツ施設利用券、スポーツ観戦チケット、アウトドアアクティビティ体験、キャンプ場宿泊券といった具合に、コトとモノが混在している。また「使い道」で検索すると1千38件がヒットし、スポーツ振興やまちづくりなど項目が並ぶ。その多くは、お礼の品なしの寄付であるが、中には、マラソンの出走権のようなお礼の品も含まれるケースもあり、両者が厳密に区別されているわけではない。

スポーツを中心とした「稼ぐ地域」の形成

図表5・5に示したのは、自治体のスポーツ投資を軸として、稼ぐ地域をつくるための一つのシナリオである。順を追って説明すると、まず①地域住民が、②自治体に税金を納め、③自治体は、税金を使ってスタジアムやアリーナ等の施設を整備し、スポーツ大会を誘致・開催し、観光事業者と協力して、地域の総合戦略に沿った「スポーツ・健康まちづくり」（第4章を参照）を推進する。①から③のプロセスがうまく連携すれば、④域外からのビジター（ス

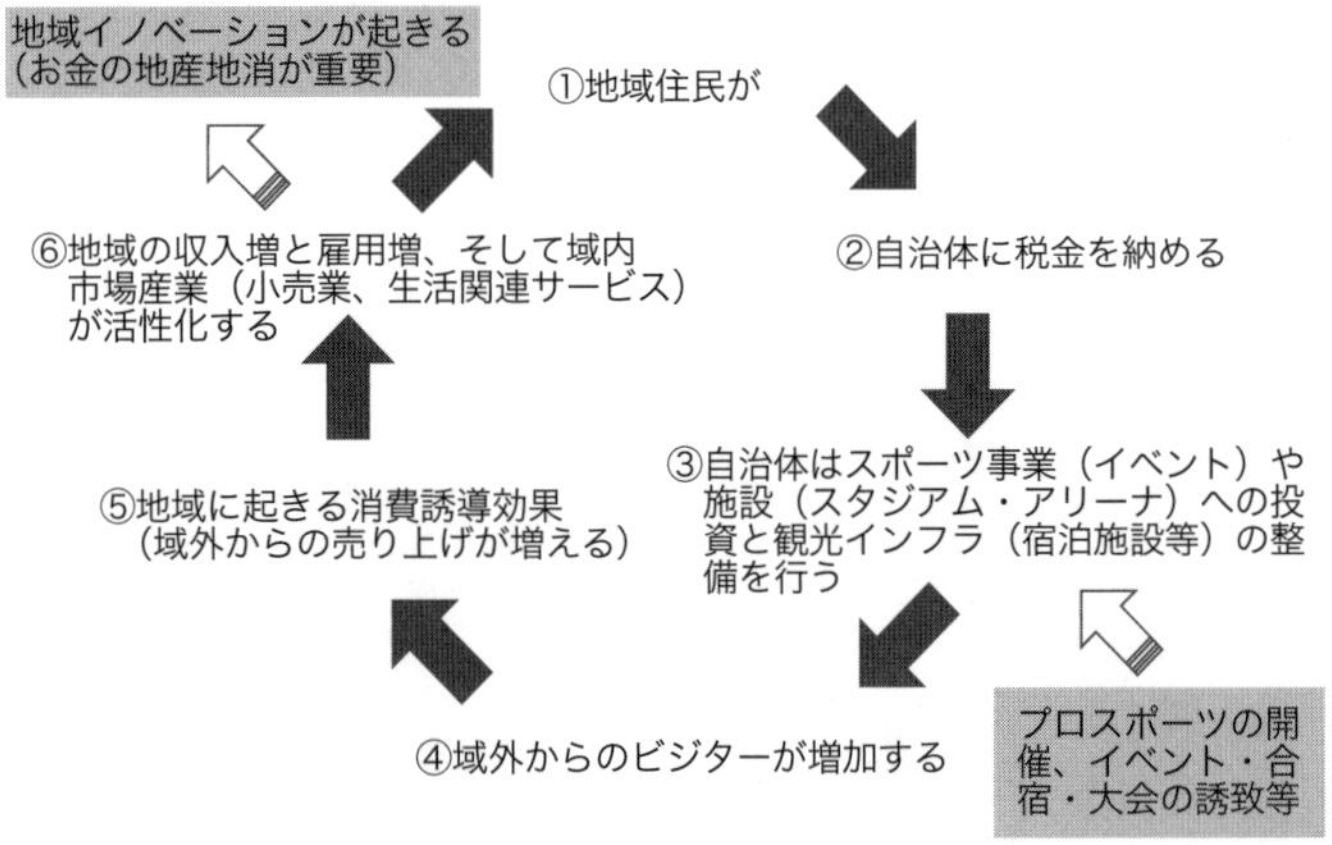

地域イノベーションが起きる
（お金の地産地消が重要）
①地域住民が
②自治体に税金を納める
③自治体はスポーツ事業（イベント）や施設（スタジアム・アリーナ）への投資と観光インフラ（宿泊施設等）の整備を行う
プロスポーツの開催、イベント・合宿・大会の誘致等
④域外からのビジターが増加する
⑤地域に起きる消費誘導効果
（域外からの売り上げが増える）
⑥地域の収入増と雇用増、そして域内市場産業（小売業、生活関連サービス）が活性化する

図表5・5　スポーツ投資を軸とした「稼ぐ地域」の構造

ポーツ観戦者や大会参加者等のスポーツツーリスト）が増加し、⑤地域に消費誘導効果が生まれ、⑥地域の収入増と雇用増に結びつく。そして小売業や生活関連サービス等の市場が活性化することで、様々な地域イノベーションにつながることが期待される。

重要なことは、域外への資金流出をできるだけ防止し、お金の地産地消を実現することである。そのためには、域内での速やかな資金循環の拡大が必要だが、前述した「さるぼぼコイン」のように、地域通貨がその役割を果たすことができる。さるぼぼコインは、B2Cの利用だけでなく、域内加盟店の仕入れ代金など、B2Bの決済にも使われているが、前者の決済手数料よりも、後者の決済手数料が安く設定されるなど、域内資金循環の拡大に向けた仕掛けもセットされている。[注32]

注

注1：アーバンスポーツは「エクストリームスポーツ」を起源とする、過激な速度や危険性の高いスポーツの総称で、危険や体力の限界に挑み、技の見栄えによって人を魅了することに重きを置く。さらに若者文化と密接に関係し、わざと服を着崩し、身体に密着したタイトな服を身に着け、自己表現にこだわるといった特徴を持つ（豊島誠也・田里千代「スポーツ人類学的「空間文化論」（5）都市空間での波に乗る：アーバンスポーツとしてのサーフィンの可能性と課題」体育の科学、69（8）：591～595頁、2019年）

注2：ガイナーレ鳥取のホームページ：〈https://www.gainare.co.jp/stadiums/yajin/〉

注3：コンセッションは、施設の所有権を移転せず、民間事業者にインフラの事業運営に関する独占的な営業権を、長期間にわたって付与する方式のことであり、2011年5月の改正PFI法では、「公共施設等運営権」として規定された。2019年5月現在で27件（空港が13件、MICE・観光施設が5件、教育・文化関連施設が3件、その他（下水道処理施設、エネルギー事業、宿舎、有料道路）が6件となっており、スポーツは、教育・文化関連施設の「有明アリーナ管理運営事

業」の1件のみである。この運営事業者は、電通を代表企業とする6社の構成員と3社の協力企業である。契約期間は2021年6月から2046年3月までの25年間（運営権対価の総額は約94億円）で、運営を実際に行うSPC（特別目的会社）が設立され、社長は代表企業である電通から派遣される。

注4：英国のCCT（強制競争入札）制度を模して設計された指定管理者制度であるが、保守党政権が導入したCCTは、官民の不毛な競争を生み、事業化が可能な施設しか生き残れないという理由で、本国では早々に廃止された。ただし、その動きは後の労働党政権にも受け継がれ、多くの公共サービスが民間サービスと置換される契機となった。

注5：公共施設においては、条例によって施設の利用料金が定められ、その料金は指定管理者が徴収することになっているが、そこには2種類の方式がある。指定管理者が代行して集めた料金が、最終的に地方公共団体の収入となり、別途管理運営に必要な経費として指定管理者に支払われるのが「料金収受代行制度」である。これは利用者に対して廉価で公平なサービスを提供する施設において有効である。その一方、指定管理者となる事業者のインセンティブを高めるために、収受した料金を指定管理者自身の収入とするというのが「利用料金制度」である。この方式は、収支採算がとれるような施設において有効であり、事業者の自主的な経営努力を促すとともに、弾力的な収支計画の立案を可能にする。

注6：千葉市の「千葉マリンスタジアム指定管理予定候補者選定要項」（平成27年8月6日）には、2016年4月1日から2021年3月31日まで、指定管理者は、「利用料金収入及び自主事業収入により、本施設の指定管理業務（自主事業を含む）を実施するに当たっての経費を全て賄うものとする」と記載されている。

注7：千葉市はホームページにおいて、球団の「管理運営業務は、高い水準で行われている」とし、「来場・利用者数も増加しており、また、プロ野球興行がない日においても稼働を高めるべく、音楽イベント等を開催しており、幕張新都心の賑わいづくりにも大きく寄与している」と地域の活性化に好影響を与えている点を評価している。また利益の還元についても、「多くの招待企画を実施、また新シートを増設したことなどを評価している」と記述している。〈https://www.city.chiba.jp/toshi/koenryokuchi/kanri/documents/hpkeisaihyoukasheeth30.pdf〉を参照

注8：普通財産とは行政財産以外の公有財産で、貸し付け・交換・売り払い・譲与・出資の目的とすること・信託すること（土地）・私権を設定することができる。主として「経済的価値の発揮」を目的としており、経済的価値を保全発揮することによって、間接的に市の行政に貢献させるため、管理処分されるべき性質を有する。

注9：その後大阪市は、行政財産の用途廃止によってすべてのスポーツ施設を普通財産とした。その上で舞洲野球場敷地と北西用地の土地計10万4千449平方メートルを貸し付ける一般競争入札を行い、大阪ドーム（京セラドーム大阪）などを運営する大阪シティドーム（大阪市西区千代崎3丁目中2－1）が落札した。月額の賃貸借料は599万円で、敷地内には

プロ野球のオリックスの2軍練習場となる硬式野球場等を建築して、同エリアの一体的な活用が始まった。そのほかに、Jリーグのセレッソ大阪が賃貸借契約を結んだ「舞洲球技場」、民間に売却された「ロッジ舞洲」と「舞洲陶芸館」等、大阪市は公共資産を活用するPPP（官民連携事業）を積極的に活用した。

注10：飛騨市公式観光ウェブサイト：〈https://www.hida-kankou.jp/spot/5050/〉

注11：文部科学省「廃校施設等活用状況実態調査」２０１９年3月15日

注12：斎尾直子「公立小中学校の統廃合プロセスと廃校舎利活用に関する研究―茨城県過去３０年間全廃校事例の実態把握と農山村地域への影響―」日本建築学会計画系論文集、第73巻、第６２７号、１００１～１００６頁、２００８年

注13：久保勝裕・渡部貴久・西森雅広「北海道の小規模自治体における廃校利用の実態に関する研究―民間事業者による運営実態を事例として―」（社）日本都市計画学会、都市計画論文集、44（1）、44～49頁、２００９年

注14：出井信夫「第三セクター論」新潟産業大学人文学部紀要、第17号：1～35頁、２００５年

注15：財産処分手続に関する規定はその後、文部科学省大臣官房文教施設企画部長通知「公立学校施設整備補助金等に係る財産処分の承認等について」（２００８年６月18日付）によって国庫納付金免除範囲の拡大等の緩和がなされ，学校以外への施設の転用の道が広がった。

注16：ただしＰａｒｋ‐ＰＦＩが導入される前から、２０１６年に官民協働事業で再生した南池袋公園のように、従来の都市公園法の枠組みの中での「便益施設」という位置づけと、建築面積の特例措置を使い、建築面積が２％以上の収益施設（カフェレストラン）を設置した事例もあった。収益施設を運営する事業者には、地域貢献としてゴミ回収やトイレ掃除に加え、商店会や防災イベントなどの地域活動への参加が条件として付された。また、売上の０．５％を地域還元費として地域運営に充てる仕組みや、カフェレストランの２階に地域貢献施設を設置することも条件とされるなど、Ｐａｒｋ‐ＰＦＩに至る流れはすでにできていたと考えるべきであろう。

注17：これらは、大阪城パークマネジメント株式会社が運営する商業施設で、「ジョー・テラス・オオサカ」と「ミライザ大阪城」と呼ばれる。前者はＪＲ大阪城公園駅からのエントランスに位置し、緑の中の城下町というコンセプトで、多くのショップやレストランが、和モダンの空間の中に配置されている。後者は、旧第四師団司令部庁舎（元大阪市立博物館）であった歴史的建造物を改装し、土産物店やコーヒーショップがあるほか、侍・忍者体験ができるアクティビティを提供している。

注18：橋下徹『沖縄問題、解決策はこれだ！』朝日出版社、２０１９年

注19：アメリカには９千２１７件の国立公園、１万８千30件のテント専用キャンプ場、36万３千67件のキャンピングカー用キャンプ場があると報告されている。〈https://thebridge.jp/2019/07/camping-business-hipcamp-raises-25m-in-series-b-funding-pickupnews〉を参照

注20：月刊事業構想「『よそ者、若者、ばか者』論は正しいか？　地方創生と人材育成」

２０１６年10月号

注21：５千４６６名は、総務省の「地域おこし協力隊推進要綱」に基づく隊員数５千３４９名と農林水産省の交付金を活用した地域おこし協力隊（旧田舎で働き隊）の隊員数を含めた数字である。

注22：総務省の「令和元年度における地域おこし協力隊の活動状況等について」（２０２０年3月27日）によれば、全国1千４３４自治体の78・2％にあたる1千１２１自治体が地域おこし協力隊を受け入れ、71・5％にあたる８０２自治体が、活動内容を明確に定めて募集するミッション型である。なお地域おこし協力隊の主体は地方公共団体であり、「地域おこし協力隊員の活動に要する経費」（隊員1人あたり4百万円上限）、「その他の経費」（活動旅費、作業道具等の消耗品費、関係者間の調整などに要する事務的な経費、定住に向けた研修等の経費など2百万円）の他、「地域おこし協力隊員等の起業・事業承継に要する経費」（最終年次又は任期終了翌年の起業する者又は事業を引き継ぐ者1人あたり百万円上限）、「地域おこし協力隊員の募集等に要する経費」（1団体あたり2百万円上限）といった経費が支給される。

注23：一般社団法人自治体国際化協会（ＣＬＡＩＲ）は、受け入れ自治体に対して、任用に関わる英語でのコミュニケーション支援や情報提供当の支援サービスを行い、ＪＥＴ参加者に対して、カウンセリングや日本語講座の提供などを行っている。

注24：日本経済新聞、２０１８年4月2日朝刊

注25：「ジャパンギビング」は、２０１９年から「ＬＩＦＵＬＬソーシャルファンディング」へと名称変更したが、それまでにＮＰＯや自治体など約3千団体が登録し、累計21億円の寄付を集めた。

注26：現行のクラウドファンディングでは、たとえ目標金額を達成しても、それを全額受け取れるわけではない。事業者にもよるが、大体17％から20％前後という高額の手数料が必要となる。レディーフォーの場合、目標金額（例えば百万円）を満額達成しても、手数料（12％）と決済手数料（5％）の合計17％（17万円）が引かれる。さらに手数料には消費税がかかるので、17万円の10％（1万7千円）が加算され、結局百万円―18万7千円＝81万3千円が受け取れる金額となる。

注27：キャンプファイヤーのウェブサイト：〈https://camp-fire.jp/projects/view/168207〉

注28：〈https://camp-fire.jp/projects/view/168207?list=sports_most-funded〉

注29：坂本広顕「フィンテックと地方創生」株式会社価値総合研究所『Best Value』増刊号、２０１８年春号

注30：西部忠「地域通貨によるコミュニティづくり」『Finansurance』通巻38号、10（2）、２００１年

注31：赤嶺健「『スポーツふるさと納税』施策の成功要因を明らかにする研究」早稲田大学スポーツ科学学術院研究科修士論文、２０１７年

注32：日本経済新聞、２０１８年4月2日朝刊

おわりに

本書の執筆が終盤に差し掛かった2020年の初春、世界は未曽有の災害に見舞われた。新型コロナウィルス感染症（COVID－19）の蔓延である。1ミリメートルの百万分の1（1ナノメートル）という見えないウィルスの存在は、人の動きを止め、人と人の接触を妨げ、世界経済の停滞と不況を招いた。その中でも、特に大きな被害を受けたのがスポーツ、そして観光である。

2020年は、世界の目が東京と日本に注がれるオリンピックイヤーであり、通常のスポーツ大会や国際大会に加え、テストイベントや事前合宿など、各地で多くのスポーツイベントが予定されていた。しかしながら、新型コロナウィルス感染症対策のために「緊急事態宣言」（4月7日は7都道府県、4月16日以降は対象地域を全国に拡大）が発令されると、春に予定されていたすべてのスポーツイベントが中止に追い込まれた。

外国からトレーニングキャンプ（事前合宿）の受け入れを決めていた多くの自治体では、確保していた予算が無駄になり、アスリートたちとの交流イベントもキャンセルになった。プロ野球やJリーグも開催が延期されたが、一時的とはいえ、国民的な娯楽の消滅は、スポーツ番組やスポーツ新聞から旬のニュースを奪っただけでなく、家に閉じこもる生活から生まれた空虚感に一層拍車をかけた。ただその一方で、われわれの日々の生活にとって、スポーツ・文化・芸術などの「不要不急」なレジャーが、いかに貴重であるかを再認識する機会を与えてくれたのも事実である。

今後、コロナ禍が一段落したと仮定して、行動変容（例えばStay Home）を強いられた都市住民の生活が、百パーセント元に戻るかどうかはわからない。「三密」を避けるテレワーク（在宅勤務）やリモートワーク（遠隔地勤務）の活用によって自宅での勤務が増えるとともに、自然豊かな遠隔地（例えばリゾート地）での仕事が増える可能性も否定できない。さらに、郊外へと一時的に居住地を移し、自然豊かな場所での生活を楽しみ、最先端の仕事に従事するワーケーション（ワーク＋バケーション）も注目を集めるだろう。

人生80年を時間に換算すると、３６５日×24時間×80年で70万時間である。その一方、真面目に働く労働時間は、年間２千時間×40年として８万時間程度であり、70万時間の１割強にしか過ぎない。では自由時間はどうだろうか？　１日24時間の約３分の１（８時間）が自由裁量時間とすれば、生涯自由時間は21万時間と、労働時間をはるかに超える長さである。

コロナ禍によって変容した行動は、日本の経済にも影響を及ぼす。テレワークやリモートワークの普及は、通勤や移動の時間を圧縮し、自由時間の増大に寄与する。現在、年間の個人消費は約３百兆円であるが、それに占める余暇消費は約72兆円（レジャー白書２０１９）であり、遊びと密接に関わる「不要不急」の消費である。日本経済新聞の編集委員である中村直文は、「経済は『遊び』自粛を糧に」という紙面論文（２０２０年４月18日付朝刊）で、今後の日本経済は、不要不急の消費の比率が高まり、会社を中心に育まれてきた通勤に必要な化粧品、スーツ、ブランドバッグなどの「社用本位消費」は縮小する一方、観光地は一年を通じて関係人口の拡大を目指す総合型サービス業へ脱皮すべしという意見を述べた。

さりとてコロナ禍の被害は予想をはるかに上回り、「不要不急」の産業は甚大な被害を被った。今スポーツ界が関心を寄せているのは、コロナ後のスポーツを取り巻く世界の変貌である。サッカーのプレミアリーグ（英国）やブンデスリーガ（ドイツ）、野球のＭＬＢ（メジャーリーグベースボール）、そしてバスケットのＮＢＡ（ナショナルバスケットボールリーグ）のほか、テニスのウィンブルドンや全豪オープンなど、中止や延期を迫られたスポーツイベントが、以前の状態に復活できるのかどうか、誰もが不安に感じている。また仕事の場が消えたプロスポーツ選手は生活の糧を失い、オリンピック・パラリンピック、そして世界選手権を目指すトップアスリートも、当面の目標を失った。

しかしながら、一般的なスポーツに対する需要はいささかも揺るがず、さらに伸びていく可能性が強い。それはスポーツが遊びだからであり、ホイジンガの言葉を借りれば、「遊びは文化よりも古い」からである。人間の行動は変容しても、「ホモルーデンス」（遊ぶ人）に宿る「遊びの遺伝子」を変えることはできない。今回は、制御できると信じていた自然から手痛いしっぺ返しを受けたが、今後は、新型コロナウィルスとの共存を図りつつ、人と人の距離を保ちながら行う「ソーシャルディスタンス・スポーツ」のような考えも取り入れつつ、さらに楽しく有意義な遊びを発明していくことだろう。

２０２０年に起きた世界的なパンデミックは、ワクチンの開発とともにやがて沈静化し、人々は元の生活を取り戻すかもしれない。そして、人の動きが戻り、人と人が出合い、レジャーを楽しむ日常が戻った時、「不要不急」であったスポーツ、文化、芸術の大切さが、以前にも増して認識されるようになることを祈念したい。

本書は、2016年3月に出版した拙著『スポーツ都市戦略』（学芸出版社）の姉妹本であり、守備範囲を都市から地域に広げ、「スポーツマネジメント」「パークマネジメント」そして「デスティネーションマネジメント」の視点から、スポーツと地域の関係を解き明かすことを目的とした。ただその試みが成功したかどうかは、読者の皆さんの判断に委ねたい。

本書の執筆にあたっては、学芸出版社の若き編集者である松本優真さんに大変お世話になった。松本さんの的確な指摘とアドバイスは、本書のクオリティを高めてくれた。心から感謝の意を表したい。最後に、コロナ禍によって長期間の在宅勤務を強いられた時、自分のオンライン授業の準備の合間を縫って料理の腕をふるい、他愛ない会話を共有し、彩のある生活を提供してくれた妻の純子にも感謝の言葉を捧げたい。

2020年4月30日　豊中市上野坂にて

原田宗彦

原田宗彦（はらだ・むねひこ）

1954年生まれ、大阪府出身。京都教育大学教育学部卒業、筑波大学大学院体育研究科修了、ペンシルバニア州立大学健康・体育・レクリエーション学部博士課程修了。大阪体育大学教授、早稲田大学スポーツ科学学術院教授を経て、2021年より大阪体育大学学長。一般社団法人日本スポーツツーリズム推進機構（JSTA）代表理事、日本バレーボール協会理事、全日本弓道連盟理事などを務める。著書に『スポーツ都市戦略』（単著、2016年、学芸出版社）、『実践　スポーツツーリズム』（共著、2022年、学芸出版社）、『スポーツ産業論 第7版』（編著、2021年、杏林書院）ほか。

スポーツ地域マネジメント
持続可能なまちづくりに向けた課題と戦略

2020年8月1日　第1版第1刷発行
2023年2月20日　第1版第3刷発行

著　者　原田宗彦

発行者　井口夏実

発行所　株式会社 学芸出版社
〒600-8216　京都市下京区木津屋橋通西洞院東入
電話 075-343-0811
http://www.gakugei-pub.jp/
E-mail info@gakugei-pub.jp

編集担当　松本優真

装丁・DTP　KOTO DESIGN Inc.　山本剛史・萩野克美
印　刷　創栄図書印刷
製　本　新生製本

ISBN 978-4-7615-2742-6